悩める社会人のための精神分析からの処方箋

小林 陵

Ryo Kobayashi

岩崎学術出版社

はじめに、そして少しだけ精神分析について

本書は、社会に出て働く中でのさまざまな悩みについて、精神分析の概念を用いて理解し、役立てていくことを目的としたものです。

社会で働き始めたけれども、何だか色々と上手くいかないとか、思っていたのと違うとか、何とかやっているけれどもこのままでいいんだろうかと思うとか、そんな悩みを取り上げています。

そのため、基本的には社会に出てから比較的間がない方やこれから社会に出て行く方を対象に書きました。しかし、すでに社会経験が豊富な方でも、新しく職場に入ってきた後輩や部下と接するとき、あるいは自分自身のこれまでのキャリアを振り返るときなどのお役に立てるのではないかと思っています。

また、それとは別に、さまざまな精神分析の概念について、日常に当てはめて理解したいという方にも関心を持っていただけるかもしれません。その場合、精神分析の全体像を体系的に解説

する本ではないことをご留意ください。本書は主に日常の仕事の中での問題を精神分析の概念を用いてどんなふうに理解できるかについて書かれています。

私は普段は総合病院の精神科で公認心理師／臨床心理士として働いています。主な業務は心理療法（カウンセリング）をしたり、心理検査を取ったり、うつ病で休職された方のための復職支援デイケアに関わったりといったことです。また、色々な心理療法の勉強をしてきましたが、その中でも特に精神分析的心理療法を学んできました。

そんな病院の心理士がどうして社会人のための本を書いているんだと思われるかもしれません。そこで最初に少し経緯をお話しさせていただきます。

昨年、私は本書と同じ岩崎学術出版社から『医療現場で働くやとわれ心理士のお仕事入門』という本を出させていただきました。この本は医療分野で働く心理士や臨床心理学を学ぶ学生に向けた、病院で実際に心理士がどんなことを考えたり感じたりしながら働いているのかをお話しする内容でした。

その『医療現場で働くやとわれ心理士のお仕事入門』が完成したとき、岩崎学術出版社の編集者鈴木さんが刷り上がったばかりの見本を、私の職場まで持ってきてくれました。出来上がった本を初めて手にするのは、とても嬉しいものです。

そんなふうに喜んでいるとき、鈴木さんから二冊目の本の依頼がありました。これまたとてもありがたい限りですが、なんと次は一般書をお願いしますということでした。これまで心理士や精神医療に関わる専門家に向けた文章は書いてきましたが、まさか一般書と言われるとは思っていませんでした。鈴木さんからの提案の一つは社会に出たばかりの悩んでいるビジネスパーソンのための本はどうかということでした。果たして私にそんな本が書けるのでしょうか。

それでも書いてみようと思ったのは、一つには私が先述の通りうつ病で休職された方の復職支援デイケアに関わっており、普段から職場でのメンタルヘルスについて考える機会が多いためでした。

そして、もう一つは、私自身が、心理士になる以前は医療機器メーカーで営業職として働いていたためでした。

鈴木さんから営業をしていた頃の自分に対して今の自分なら何を言ってあげられるかという視点で書いたらよいのではとアドバイスをいただきました。なるほど、さすが出版社の編集はすごいことを考えると感心してしまいます。

それなら、いっそ、そのものズバリ、それぞれの章の冒頭で私自身の社会人のときの経験について書き、その後で精神分析の概念を使って今の私がその出来事について考察するという形式で書いていったら面白いのではないかと思いました。それを思いつくと、何とか書けるのではないかという気がしてきました。

そんなわけで、本書の各章は最初に「00年代のある日」ということで、サラリーマン時代の二〇代前半の私の経験が書かれています。この部分は事実をもとにしていますが、登場する私以外の方々の個人情報への配慮のため、そして、話が長くなり過ぎてしまわないために、何人かを合わせて一人の人物にしたり、二回で起きたことを一回にまとめたり、別の人に他の人の役割をさせたりといった圧縮や置き換えをしています。ただ、そのときに私自身が感じたことや考えたことについては、思い出せる限りその通りに書いているつもりです。

その後、「20年代から振り返って」ということで、現在の四〇代になった私の視点から、エディプス・コンプレックスや転移、無意識といった精神分析の概念を解説しつつ、かつての自分の経験について振り返って考えています。

さて、本文に入る前に、そもそも『精神分析』って何？」ということをほんの少しだけお話ししましょう。精神分析とは本書の表紙のイラストで描かれているジークムント・フロイトがだいたい一九〇〇年前後から行っていた人間の無意識を探求するための臨床実践であり、そして、それにまつわる理論のことを指しています。

ずいぶん昔からあるものですね。もともとフロイトは、当時ヒステリーと言われた多彩な症状を呈する患者さんたちの治療を行う中で、この技法を発展させていきました。「だいたい」一九〇〇年前後と書いたのは、正確にいつから始めたと言うよりも、試行錯誤を重ねながら、徐々に現在の姿にまとめあげられていったからです。ちなみに一九〇〇年というのはフロイトの初期の主要な著作である『夢の解釈』が出版された年ですね。

現在、この「精神分析」という言葉は、一般的には、フロイトが創始しその後発展していった実践や理論の周辺全般を含めて広い意味で使うことが多いです。しかし、実際に精神分析的な臨床を行っている人たちの中では、週複数回、寝椅子に横になって、自由連想法という何でも思いついたことを話してもらうフロイトが行っていたやり方に近い実践について、厳密な意味で「精神分析」と呼ぶことが多いんです。

随分、昔からやっているやり方なので、「今時そんなことやっている人いるの？」なんて思われる方もいらっしゃるかもしれません。ただ、数年前に歌手の宇多田ヒカルさんがインタビューの中で精神分析を受けた経験について語って話題になりましたように、現在でも世界中でその実践が行われています。

一方、私のように、もっと少ない頻度で、寝椅子を使わずに対面して行っている実践は「精神分析的心理療法」などと呼ばれたりします。私自身は厳密な意味での「精神分析」は自分が受けたことも行ったこともありません。その意味では、私は自分の経験をもとに「精神分析的心理療法」の話はできますが、「精神分析」の話をすることはできません。本書では何度も「精神分析」という言葉を使っていますが、それは厳密な意味での臨床実践としての「精神分析」ではなく、広い意味での精神分析に関する理論や実践の総体を指しているのだとご理解ください。

また、実は一口に精神分析と言っても、とてもバラエティに富んでいます。それぞれの臨床家の思い描いている精神分析のイメージも三者三様です。本書で紹介している精神分析はあくまで私というフィルターを通したものであり、私とはまったく違った考え方をされている精神分析的な臨床家もいらっしゃることでしょう。また、厳密な意味で「精神分析」をしていない私が、一般の方に精神分析の話をしてよいのだろうか、そんなものは精神分析ではないとお叱りを受けてしまうんじゃないかという不安もありました。ただ、私は本書の読者の方にはとても裾野の広い精神分析の世界の一端にでも触れていただけたらと思っています。そのため、本書を読んで、「おぉ、精神分析って何か面白そうだぞ」と思われた方は、幅広く色々な方が書かれた本を読まれることをおすすめいたします。多様に広がっていく精神分析の世界を知ることができるでしょう。

いくつかの章の末尾には「さらに知りたい方のために」ということで参考文献をあげておきました。ご活用いただけたら幸いです。

さて、前置きはこのくらいにしてさっそく内容に入りましょう。まずはタイムスリップして、自分で言うのも何ですが、かなり頼りない働き始めたばかりの社会人一年目の私に登場してもらいます。皆さんも一緒にダメ出しをしてやってください。時代は平成、街では宇多田ヒカルや椎名林檎、Ｍｒ．Ｃｈｉｌｄｒｅｎがガンガンに流れています。

『悩める社会人のための精神分析からの処方箋』目次

はじめに、そして少しだけ**精神分析**について　iii

第一章　社会人は上司から怒られる……**エディプス・コンプレックス**とは？　1

00年代のある日　●あれ、自分いつの間にか社会人になってる!?　1

20年代から振り返って　●普通のことをしただけなのに怒られる　4　●まったく最近の若いもんは　6　●理不尽なことを言われる経験　7　●どうしてドーピング検査で性器を見せなきゃいけない！　8　●エディプス・コンプレックスって本当にあるの？　10　●エディプス王の物語　12　●発展していくエディプス理論　15　●職場とエディプス理論　18　●ルールを知るから自由になれる　20　●ルールは変えられるもの　22　●自分を怒った人への最大の仕返し　24　●さらに知りたい方のために　25

第二章　本当は自分はすごいはずなんだけど……**ナルシシズム**とは？　27

00年代のある日　●若さがない　27

20年代から振り返って　●体育会系を筋肉バカと侮るなかれ　30　●ナルシシズムってナルシストってこと？　32　●フロイトのナルシシズム論　34　●ナルシシズムの二つのタイプ　36　●

誰のこころにもあるナルシシズム　37　●どうやって自分以外に関心を向けられるようになるの？　39　●承認欲求オバケは　41　●偉くなるとナルシスティックになる？　42　●本当は傷ついていたから　45　●ここではないどこかへ　46　●さらに知りたい方のために　49

第三章　クレームは伝染する……トラウマとは？　50

00年代のある日
20年代から振り返って
●この人、性格悪い　50　●戦争もクレームも連鎖する　56　●トラウマの定義　57　●トラウマは反復する　58　●壊れものとしての人間　59　●多くのことは時間が解決してくれる　61　●時間とともに癒えない傷もある　62　●精神分析 vs トラウマ理論　64　●サイヤ人 vs トラウマ理論　67　●トラウマメガネで見る　70　●ダメージを受けた人には気をつけて　72　●たとえ自分が傷ついても人を傷つける権利はない　73　●さらに知りたい方のために　75

第四章　こういう状況でいつも上手くいかない……転移とは？　76

00年代のある日
20年代から振り返って
●結局まったく自由がないじゃないか　76　●やりたくないことをやらされる　80　●どうしてそんな気を遣わなきゃいけない　81　●自分にとって特に嫌なこと　83　●転移って患者さんがお医者さんを好きになっちゃうこと？　86　●フロイト、転移を発見する　87　●日常生活で起きている過去の反復 90 ●人のことは余計なお世話 91 ●大したことは起きていない 92 ●プライベートな時間を一秒でも仕事に使いたくない！ 93 ●さらに知りたい方のために 96

第五章 なんでそんなにミスばっかりするの？……無意識とは？ 97

00年代のある日 ●会社を辞めたいってことなの？ 97

20年代から振り返って ●さまざまな無意識 104 ●メリーさん、お世話になりませんでした 106 ●無意識は怒られたってどうにもならない 107 ●不注意なだけじゃないの？ 110 ●無意識はなくならない 113 ●本心って本当にあるの？ 114 ●忘れ物が多いのは変わらない 116 ●さらに知りたい方のために 117

第六章 自分の人生このままでいいの？……人生を物語ること 118

00年代のある日 ●お前は何も考えてなさそうだもんな 118

20年代から振り返って ●フロイトと宮崎駿の共通点？ 127 ●精神分析と物語論 129 ●人はみなかつてのび太くんだった 131 ●未来の自分に助けてもらう 131 ●どうしてのび太くんはまっとうな人生を歩めたのか 134 ●どうして心理士になったの？ 137

第七章　先が見えないときどうしたらいいの？……ネガティブ・ケイパビリティ　145
00年代のある日　20年代から振り返って　●夜にひたすら刑事コロンボを観る　145　●負の能力ってどういうこと？　150　●どうすればネガティブ・ケイパビリティを育てられる？　154　●コンテイナー／コンテインド　156　●精神分析でどうして人が変わるの？　159　●人に相談したって解決しないし　161　●今なら退職代行サービスを使えた？　162　●部長とのその後　164　●さらに知りたい方のために　167

第八章　愛することと働くこと……フロイトの言葉を考える　168
00年代のある日　20年代から振り返って　●仕事ってどんなとき楽しいの？　168　●どうして楽しい仕事と楽しくない仕事があるの？　175　●子どもの頃は楽しかった　177　●創造性は日常に溢れている　180　●どうしてこの仕事をしているのか　183　●愛することと働くこと　187　●フロイトが本当に言いたかったのは　189　●生活改善のための漢方薬　193

あとがき　196
主な参考・引用文献　202

第一章　社会人は上司から怒られる……
エディプス・コンプレックスとは？

00年代のある日

あれ、自分いつの間にか社会人になってる!?

「こないな時間までどこをほっつき歩いとったんや！」

部屋中に怒声が響き渡った。部長は顔中を真っ赤にして僕を睨みつけた。怒鳴られるなんてまったく予想してなかった。どうしたらよいか分からず、僕はただ固まってしまった。

それは新人研修を終えて初めて配属される部署に顔を出したときのことだった。その日は午前中だけ本社ビル内で研修があり、お昼には解散になった。地方から来ていた同期たちはそのまま帰宅となり、僕を含めた関東に配属された人たちは一度所属先に顔を出してから帰りなさいと指示を受けた。

それじゃ、どうしてそんなに部長から怒鳴られたのかと言えば、僕は朝たっぷり寝たいから職場のすぐ近くにアパートを借りていたので、途中で一度家に帰ってコーヒーを飲んでお菓子を食べて一息ついて、それから所属部署に顔を出したためだった。

まぁ、それでも、そんなに何時間も休んでいたわけじゃないし、せいぜい三〇分くらいだったと思うので、配属先の同じビル内に同期が誰もいなければ、バレなかったし、気にもされなかったと思う。

ただ、運の悪いことに、他の階に配属されていた同期は研修が終わって一直線で顔を出していたので、部長はどうしてうちの部署の新人の小林ってやつはいつまで経っても来ないんだとしびれを切らしていて、それで、僕が顔を出した瞬間に大爆発、ということだった。

「他の新人はとっくに来とるぞ。ワレは何をしとったんや！　仕事中やで、分かっとるんか！」

ただちょっと家に帰っただけで、特に悪いことをした意識もなかった僕は、事務所に入るや否や怒鳴られて、何が悪かったのかさっぱり分からずに大混乱だった。しかも、なぜかミナミの帝王みたいなどぎつい関西弁だし。

　僕からしたら、今日の研修は午前中で終わりで、関東に配属の人は職場に顔を出してください と言われただけで、何時までにとか何も言われてないし、ちょっとぐらい遅れようが、そのことで業務上のデメリットが生じるわけじゃないし、いったい何が悪いんだって感じ。どうして、この関西弁の人は烈火のごとく怒っているんだろう？

　所属部署に行ったら、ただ「これからよろしく～」と笑顔で挨拶してくれて、「それじゃ」っと帰ってくるくらいを想像していた僕にとって、中に入った瞬間に、とんでもなく大きな声で怒鳴られるなんて、まったくの想定外。わけが分からない。しかも六代目笑福亭松鶴みたいなコテコテの関西弁だし。ただもう、しょうがないから、どうして自分が謝らなきゃいけないのかよく分からないままに、ひたすら頭を下げた。

　これが配属初日。自分の上司になる人との初対面。そして、僕の頭の中に浮かんでくるのは、

「あぁ～、何だこりゃ。もう働きたくない。社会人最悪。さっそく辞めたい。だから社会人なんかになりたくなかった」

　ということだった。明日からの出勤がめちゃめちゃ憂うつだ……

20年代から振り返って

普通のことをしただけなのに怒られる

お読みになった皆さんはどんなふうに思われたでしょうか。誰にも迷惑をかけたわけじゃないですし、ちょっとくらい休憩してから顔を出しただけで、そんなに恐ろしい関西弁で怒らなくてもいいじゃないかと、当時の私の味方をしてくれるでしょうか。それとも、いやいや、研修の場で解散したとは言っても、「普通に考えて」そのまままっすぐ挨拶に行くのが「当たり前」で、そんなのん気に家でコーヒー飲んでお菓子食べてから行くなんて、怒られてもしょうがないと思われるでしょうか。

私が新入社員だった頃と比べると、世の中が大きく変ってパワーハラスメントが問題になってきているので、最近では若手社員を烈火のごとくに怒鳴りつける人は(いないとは言えないけれども)少なくなっていると思います。ただ、関西弁ですごい勢いで怒鳴りつけられるかどうかはさておき、私のように自分としては全然普通のことをしただけなのに、なぜか上司から注意された経験のある方は、今でもけっこういらっしゃるんじゃないかなという気がします。

そんなとき、負けん気の強い人であれば、「何だ、あいつは!」と腹を立てるかもしれないですし、社会って恐いところだと思って出勤できなくなってしまう人もいるかもしれないですし、あるいはそこから仕事で会う人たちみんなに対してずっとビクビクしてしまう人もいるかもしれません。

一方、何年も社会で働いていると、逆にこちらが当然だろうと思っていることを、若い人がまったく分かっていないように見える場面に出くわすようになります。何でもいいですが、たとえば、「どうして見知った人と一緒にいるのにまったく一言も喋らずにひたすらスマートフォンをいじっているの？」とか。

もちろん、私は関西弁で怒鳴りつけたりはしません（そもそも関西弁で喋れないですし）。できれば、どうしてそれがおかしいかを丁寧に説明してあげたいと思いますが、こちらが丁寧に説明をしたつもりでも、伝わっているのか伝わってないのか分からないと思うこともあります。そんなときは思わず、どうしてこんな当たり前のことが分からないんだろうとか、こいつらは異星人だとか思ったりしてしまうこともあります。

おそらくそんなときにはもっと上の世代の人たちは、それこそ私の部長のようにただガツンと怒鳴りつけて話を終わらせていたのでしょう。でも、今の私たちの社会ではそうもいかないため、どうしたら分かってもらえるのだろうと、うーんと頭を悩ませることになるのです。

まったく最近の若いもんは

あ、本題とは関係ないですが、スマートフォンの話で言えば、私くらいの年代だと、誰か知り合いと二人でいて、ずっと相手を気にせずにスマートフォンをやり続けているのは相手に失礼だという感覚がある人が多いです。でも、最近はマクドナルドなどで食べていると、高校生か大学生くらいのカップルや集団が来て、お互いに何にも喋らずにひたすらスマートフォンをいじりながら食事をして、そのまましばらくして帰っていくのを見かけたりします。ひょっとしたら、彼らが大人になり社会の中心になっていったら、誰かといるのに黙ってずっとスマートフォンを操作していることは、特に失礼なことでも不自然なことでもなくなっていくのかもしれないなぁと思ったりもするのでした。

話を戻すと、配属早々に非常識だと部長に怒鳴りつけられた私が今じゃ若い人たちに対して、「普通は」そんなことしないだろうなんて思ってしまうなんて、何とも不思議な話だという気がしてきます。

そのため、今この瞬間に上司や先輩から常識がないと怒られている若い社会人の方も、一〇年後、二〇年後には「最近の人は全然常識が通用しないんだもんね」なんて、自分の若い頃のことを棚に上げて、言い始めたりしているかもしれないわけです。いいか悪いかはさておき、世の中はそういうところなのでしょう。

『徒然草』の二二段でも吉田兼好が「何事も、古き世のみぞ慕わしき。今様は、無下にいやしくこそなりゆくめれ（何事も、古い世が慕わしく感じる。今のものは、ひどく低俗なものになっていくようだ）」と文句を言っていますし、室町時代からそうみたいなので、「まったく最近の人は」と年長者が思うのは、どうしようもないのかもしれない気がしてきますね。

理不尽なことを言われる経験

さて、それはそうなのですが、それだけでは、今の私から当時の私に言えることは、ずっと働いていたら今度は文句言う側に回れるから嘆くな、みたいなことになりますが、それでは精神分析も臨床心理学も関係なくなってしまいますので、もう少し考えてみましょう。

また、みんながみんな、そうやって言われても何とか踏みとどまって、社会人としての経験を積んでいけるのであれば、それでよいと考える人もいるかもしれませんが、先に書いたようにガツンとやられて、仕事に行きたくなくなるかもしれないですし、実際に行けなくなってしまうかもしれません。そのことでそれまでに自分が思い描いていた未来が大きく変わってしまうかもしれません。何とか自分が社会人としてやっていくためには、どんなかたちであれ、そこを生き残らなければいけません（どんなかたちであれと書いたのは、必ずしもその職場で働き続けなければいけないと言っているわけではないからです）。それにわけの分からない理不尽な規則に従わされて、それを守らないと文句を言われてしまうのはつらいですし、どうにかしたいですし、そういう状況をどう考えたらいいのか知りたいと思ってもおかしくはないでしょう。

誰しも社会集団と関われば、自分からしたら理不尽なことを言われた経験があるだろうと思います。もちろん、私もそうです。若い頃は特にそう感じることが多いかもしれません。

そして、だんだん年を取ってきて、そうした若い頃の理不尽に感じたことを思い返してみると、やっぱり今考えてもあの人は理不尽だったよなぁと思うこともちろんあります。でも、今考えると、自分は自分のことしか見えてなかったけれど、全体を考えたらもっともなことを言われたのかもしれないと思うこともあります。ただ、当時の自分の立場からはそれが見えていなかったのです。年を取って立場が上になると、事態をさまざまな面から心配しなければいけなくなるため、そうなると、確かに一面では理不尽だけれども、そうでもしないと、別の側からしたらおさまらないので、どこかでバランスを取らないといけない、ということがあります。

どうしてドーピング検査で性器を見せなきゃいけない！

ちょっと分かりにくいかもしれませんね。具体的な例を出しましょう。少し前にサッカー選手が、ドーピング検査で性器を見せるのを嫌がったので処分された、というニュースを読みました。私は知らなかったのですが、最近はドーピング検査って直接に人体から尿を出すところを見せないといけないんですね。

私はこのニュースで裁かれた選手がどんな人か知りません。前後の経緯なんかも知りません。そのため、他にも色んなことがあっての処分だったのかもしれないですが、とりあえず、実際に何があったのかは置いておいて、たとえ話としてこの例を使いましょう。

一〇代二〇代の若者にとって、ドーピング検査という理由とは言え、「知らないおじさんたちに小便するところをまじまじと見られる」なんて、やっぱり嫌だろうなぁと思います。隠したい気持ちも分かる。だんだん年を取ってくると、羞恥心が薄れてきてどうでもよくなってくるんですけど（あぁ、恥じらっていた若い日が懐かしい）。これは選手側から見たら、特にドーピングなんて考えてもいない選手からしたら、相当に理不尽なことです。

でも、サッカーの試合を公正に行うためにはどうしたらよいかという視点に立ってみましょう。もともとはそんなふうにしていなかったけれども、誰かがこっそり不正をしたから、それを防止するためにこういうルールができたのでしょう。ひょっとしたらすごい技術を使えば何か別の手段があるかもしれないですが、世界中どこでも同じ条件で調べられるやり方でなければいけないと考えたら、実際に尿が体内から出るところを目視するというのが、最も信頼性が高くて、コストもかかりません。他によい手段がみつからなかったら、とりあえずはしょうがない気もしてきます。

若い選手の立場から見たら、明らかに理不尽だけれども、国際的にサッカーを運営するという視点に立ってみると、一概にこんなやり方駄目だからすぐやめろとは言えない気がします。

このように物事は大抵色々な見方ができるもので、先の私の配属部署に行ったときの話もさまざまな角度から見ることができるのでしょう。

たとえば、社会人として未成熟な当時の私が社会のルールを知らずに怒られたのだし、そうやって怒られることで、最初は権威への反発心を感じるかもしれないけれども、だんだんに世の中のことを理解して大人になっていくものだと考えることもできると思います。

一方で、これは昭和のパワハラ体質がまだ残っていて（私が怒られたのは平成だけど）、合理的ではない変なルールも残っていて、上の人たちがそれに若い人たちを一方的に従わせて威張っているのだから、そんな古臭い習慣は一刻も早くなくしてしまえ、なんて考えることもできるでしょう。

ここではこの問題について精神分析理論の中でも最も有名なもののひとつであるエディプス・コンプレックスの概念を使って考えてみましょう。

エディプス・コンプレックスって本当にあるの？

エディプス・コンプレックスは精神分析理論の中でも最も有名なひとつと書きましたけれども、最もうさん臭いと思われているひとつなんじゃないかという気もします。そりゃ、そうですよね。

人はみな同性の親を殺して、異性の親と一緒になりたいという願望を持っている、みたいなことを言われても、なんだそりゃ、気持ち悪いことを言うなって、思ってしまいますよね。

精神分析の議論はちょっとずるいところがあって、相手がその通りと言ったら、そうなんですよと言えるし、相手がそんなことないと反論したら、そうやって否定するところが逆に無意識の中に抑圧されている証拠だ、みたいなことを言えてしまう（無意識や抑圧については第五章で詳しく説明します）。そのため、エディプス・コンプレックスについても、そんなの気持ち悪いってあなたが思ったとしたら、それはあなたがかつて感じていた願望を発達の過程で抑圧してきたからなのだ、ともっともらしく言えてしまうのですが、ここではもう少しゆっくり考えてみましょう。

その前に、そもそもエディプス・コンプレックスとはなにかについて説明させていただきます。エディプス・コンプレックスはフロイト自身が見出した精神分析の概念のひとつで、①同性の親を亡きものにしたいという願望と、②異性の親と結合したいという願望、そして、③そうした願望を持つことから生じる処罰されるのではないかという恐怖や罪悪感といった三つの要素からなるこころの複雑なあり方のことです。フロイトはこの概念を作り上げていく過程で知人であるフリースへの手紙に、自分の中にも母に対する愛と父に対する嫉妬の存在を発見した、それは、幼児期には普遍的に見られる現象だと思うと書いています（一八九七年一〇月一五日）。

おい、フロイト、お前にあったからと言って、普遍的とは限らないじゃないか、って反論を持たれた方もいらっしゃるかもしれないですね。確かにその通りですが、もうちょっと先に進みましょう。

その後、フロイトは初期の代表的な著書『夢の解釈』（一九〇〇年）の中で初めて公に「エディプス王」の物語について言及し、『男性にみられる愛人選択の特殊な一タイプについて』（一九一〇年）という論文の中で「エディプス・コンプレックス」という言葉を使い、それ以後もこの議論を発展させていきました。

では、フロイトが用いた「エディプス王」の物語とはどのようなものだったのでしょうか。フロイトはソフォクレスのギリシャ悲劇「エディプス王」（オイディプスと表記されることも多いです）をもとにしています。私は学生時代に蜷川幸雄さんが演出されて野村萬斎さんが主演した『オイディプス王』を観たことがあるのですが、なかなか見ごたえのある舞台でした。関心を持たれた方はもし『オイディプス王』の舞台がまた上演されたら、ぜひ鑑賞していただけたらと思います。

エディプス王の物語

テーバイの王ライウスは、生まれてくる息子が自分を殺すという神託を受けたため、妻のイオカステが生んだ息子を捨てさせてしまいます。お父さん、いきなりけっこうひどいですね。ただ、捨てられた子どもは幸いなことに拾われて養子となってすくすくと成長します。この子がエディプスです。やがて青年となったエディプスはたまたま道ですれ違った年配の男性と道を譲れとか言い争って喧嘩になって殺してしまいます。道を譲れって言ってお互いに譲らずにそんな大喧嘩になっちゃうなんて、昭和の不良みたいですし、ちょっと凶暴すぎるだろとつっこみたくなりますけれど、それは置いておきましょう。

そしてエディプスはその後、テーバイへの道をふさいで旅人になぞなぞを出して、答えられないと殺していた（これもまた理不尽極まりない！）スフィンクスと出会って、そのなぞなぞを解きます。なぞなぞを答えられてしまったスフィンクスはショックで谷底に飛び降りてしまいます。自分が出したなぞなぞを答えられてしまったから谷底に飛び降りるなんて、スフィンクスはちょっと繊細すぎる気がしてしまいますけれども。

ちなみに、ご存じの方も多いかもしれないですが、このときにスフィンクスが出したなぞなぞは「朝は四本足、昼は二本足、夜は三本足。これなーんだ」というものです。エディプスは、答えは人間で、赤ちゃんのときには四足で這って、成長すると二本足で歩いて、老年になると杖をつくから三本足だ、と答えたのでした。

テーバイの人々はスフィンクスを退治したエディプスに感謝して、彼を王として、イオカステと結婚させます。しかし、その後、国に不作や疫病などの災いが起こり、神の神託を仰いで調べていく中で、エディプスは実は道で会って喧嘩して殺した相手が自分の父親であり、結婚した相手は母親だったと知ります。イオカステはそのことでショックを受けて自殺し、エディプス自身は自らの目をえぐって盲目となるのでした。

自分で説明をしてみて改めて思いましたけれども、なかなかにとんでもない話ですね。しかし、これに限らず神話というのは現代の視点からしたら、とんでもない話が多いものです。そして、そんなとんでもない話の中に、あれって思うような真実が紛れ込んでいたりします。

フロイトは自己分析を通して、「エディプス王」の物語の中に先ほど話したようなエディプス・コンプレックスを見い出し、それが自分の中にもあるし、普遍的なものであるからこそ、この物語が長い間受け継がれてきたのだろうと考えました。

そして、こうしたエディプス・コンプレックスは人間の発達段階の中で三歳くらいに始まって（エディプス期という）、学童期に入る頃には、同性の親と対立することや異性の親と結合することを諦めて、別の道へと歩みだします（潜伏期に入っていきます）。ただ、もともと持っていたそうした願望はなくなるわけではなく、無意識の中に抑圧されるので、その後も何かにつけて、ひそかに影響を及ぼすことがあるのです。

発展していくエディプス理論

さて、これをお読みになった皆さんはどうお感じになったでしょうか。「あぁ、分かる分かる、自分もそんな感じ！」と思ったか、あるいは、「いや、ごめん、悪いんだけどさっぱり分からない」と思ったか。

実際、小さい子などで、異性の親にべったりで同性の親に妙にライバル意識を持ったりする時期がある場合もあるので、フロイト自身もそうだったと自分で言っていますし、そういうことがまったくないかと言われると、あるんじゃないかなという気がしますね。

しかし、それが人類普遍なのかと言われると、そんなことないと思われる方も多いかもしれません。一夫多妻制だとどうなるのとか、両親が育てない場合はどうなるのとか、そんな疑問も出てきます。また、セクシャリティの多様性が広がってきている現代社会の中で、この概念をどう捉えたらよいのかも大きな問題でしょう。

実際のところ、現在の日本で精神分析的な臨床を行っていて、普段、エディプス・コンプレックスという言葉をあまり使わない方もいらっしゃいますので、この概念を受け入れないと精神分析を勉強しちゃいけないと踏み絵のように思う必要はありません。

ただ、この概念はフロイト以後、非常にさまざまな観点から論じられてきました。今ではとても幅のある概念になっています。私はこの概念をもっと抽象度を上げて捉えたとすると、そんなことあるかと思った方でも、やっぱり人類普遍的なのかなと思われるかもしれないと考えています。

説明しましょう。三歳以前の子どもを考えてみると、当然、自分では何もできません。その代わり周囲の人が、現在の日本では多くの場合は母親が、何でもやってあげています。お腹が空いたり、おしっこをしてしまったり、寒かったり、暑かったり、とにかくしたいことがあったり、不愉快なことがあったりしたら、ギャッと泣きさえすれば、多少の時間差があったり、たまに的外れなことをされることがあったとしても、基本的には大体何とかしてくれます。だからこそ、何にもできない状態で生まれてきても、生き残ることができます。そして、その際にはお母さんは自分の望むことを何でもしてくれる存在です。また、母親は一緒にいるときには、大体いつも自分のお世話に専念してくれるのです。

しかし、だんだん子どもも成長します。ハイハイができるようになるし、立ち上がれるようになるし、歩けるようにもなります。何かができるようになることは、逆に言ったら何かをしなければいけなくなることです。

生まれたばかりの頃は、お母さんが何でも自分の思い通りにしてくれていたために、ある意味で何でも思ったことが叶ってしまうような万能的な空想の世界を生きていたと言えるかもしれません。しかし、色んなことを自分でできるようになったら、今度はそれを思ってるだけでは駄目で、ギャッと泣いたりしても駄目で、自分でやらなければいけなくなってきます。

何でもしてくれたはずのお母さんはというと、どうやら自分の世話だけをして生きているわけではないらしく、お母さんはお母さんで何か他のことをしていることが分かってきます。そして、自分のことを何でもしてくれたはずのお母さんが、実は自分の知らない外側の世界でも何やら楽しくやっているらしいことを象徴的に表す存在がお父さんなのです。

つまり、赤ちゃんの万能的な空想の世界の限界を示すような、外側の世界の現実の代表として、お父さんが登場するのです。そうすると、赤ちゃんは自分の思い通りにならないためにお父さんを憎むかもしれませんし、これまで通りに何でもお母さんにしてもらえる世界にしがみつきたいと感じるかもしれません。逆に未知の存在であるお父さんに仕返しをされることを恐れるかもしれません。

このような状況でさまざまなことを経験していくこころの複雑なあり方がエディプス・コンプレックスなのです。そして、これと類似した構図はそれから先の人生でもさまざまなかたちで繰り返されます。

そう、人生の繰り返しを見つけることも精神分析が得意とするひとつなのです。

つまり、自分が頭の中でこんなふうにしたいし、当然そうなるだろうと思い描いていたことが、外の世界の現実と直面して、突然に断罪されたり断念させられたりしてしまう。こうしたことは、人間が成長に伴って、活動の場を広げていくときには、特に起きやすいかもしれません。

こうした発想をさらに抽象化させて、主観的な空想の外側にある世界に人を直面させる父親的なものとして、たとえば言語とか法とかいった社会的に定められた絶対的なルールを想定する考え方もあります。つまり、人は好き勝手にウマウマウマーとか言ってたら勝手にお母さんが何を言っているのか想像してくれていた段階から、自分が存在するずっと前から決まっていた言語の法則に従って喋らないと誰にも相手にしてもらえない段階に進んでいかなければならないのです。エディプス・コンプレックスの議論はこんなに広い射程のある話なんですね。

職場とエディプス理論

ひょっとしたら読者の方は最初、私が職場で怒られた話と、エディプス・コンプレックスの話は全然関係ないじゃないかと思われたかもしれません。しかし、ここまで来たら、勘のよい方はつながりに気づかれたのではないでしょうか。つまり、学生時代に漠然と頭の中で思い描いていたものが、社会に出たときに自分の外側にあったルールとぶつかり、唐突にお前のそんな考えは全く駄目だと断罪されてしまうことがあるのです。これがエディプス状況の再現と考えられるかもしれませんし、去勢体験なんて言ったりすることもあります。言ってみれば、私にとっては部長にいきなり関西弁で怒鳴りつけられたのも去勢体験だったのかもしれません。

私はエディプス・コンプレックスの構成要素は①同性の親をなきものにしたいという願望、②異性の親と結合したいという願望、③そうした願望を持つことから生じる処罰されるのではないかという恐怖や罪悪感の三つだと書きました。

これはちょうど、上の人から理不尽に怒られたときに、①負けん気の強い人であれば、「何だ、あいつは！」と腹を立てるかもしれないですし、②社会って恐いところだと思って出勤できなくなってしまう人もいるかもしれないですし、③あるいはそこから仕事で会う人たちみんなに対してずっとビクビクしてしまうという人もいるかもしれません、と書いた三つのパターンと対応しているのです。つまり、これらはエディプス・コンプレックスのそれぞれの側面だと言えるでしょう。

また、エディプス・コンプレックスを越えると、人は同性の親をなきものにして異性の親と結合する願望を断念し、同性の親に同一化していくとフロイトは考えていました。今度は自分が、自分を去勢してきた同性の親のようになっていくわけです。そこで、「〜しなければならない」という規範意識を持つようになっていきます。これを精神分析では「超自我」と呼んでいます。

先に私は気がついたら自分のほうが若い人たちに対して何でそんなことが分からないんだと思ってしまうと書きましたが、これは私も知らず知らずに社会人としての超自我を持つようになってきた結果だということができるでしょう。

さて、配属部署に顔を出したら、いきなり部長に怒鳴られたかつての私はどうやらエディプス・コンプレックス的な状況に置かれていたと理解することができそうです。それでは、そうしたエディプス理論をもとにして、かつての私や、今現在、職場で理不尽なことを言われたと感じて悩んでいる方々に、何を言ってあげられるでしょうか。

ともすると、エディプス理論は生意気なこと言ってないでちゃんと去勢されて規範に従って大人になりなさいとだけ言っているように見えてしまうかもしれません。そして、そういう面もないわけではありません。ただ、私としてはそうとだけ捉えたくはないと思っています。

ルールを知るから自由になれる

過去の私に対して、今の私から最初に言ってあげたいのは、まったく予想をしていなかったのに急に怒鳴られて、ビックリしただろうし、恐かったよねということです。それでも二〇代前半のイキっている私なので、そんなことを言われたら、「ちっとも恐かねーよ！」って認めようとしないかもしれないですけれども。そういう可愛くない若者だったのですよね。

そのうえで話してあげたいのは、自分がより広い世界に踏み出すときには、その世界にはその世界のルールがあり、それはときに自分が頭の中でこんなものだろうと想像していたものとは大きく異なる場合もあることです。それはひどく理不尽に感じられたり、少しも思い通りにならないと感じられたりするかもしれません。

そのときの私には、おそらくそうした外の世界のルールにぶつかる準備ができていなかったのでしょう。もちろん、自分が社会人になったことは、頭では分かっていたけれども、自分の想像を超えたルールを生きている他者たちの中に入っていく準備はできていなかったのでしょう。あれ、自分いつの間にか社会人になってる？　という感じだったのだろうと思います。

もう少し徐々にそのことに直面できたらよかったかもしれないですが、配属初日にいきなりガツンと来たので、それは大きな驚きだったのでしょう。

ただ、考えてみるとエディプス・コンプレックスにおける父親の登場はいつだって唐突なものかもしれません。赤ちゃんはそろそろ父親が登場するぞと準備してはいません。その意味では私が唐突に社会のルールを突き付けられたことも仕方ないことだったかもしれません。

また、それは驚きであり、恐ろしい経験で、何て不自由な世界なんだと思ったかもしれませんが、実は自分がそこに参入していく前にすでに出来上がっていたルールは、最初は理不尽に思えても、それなりの理由があって作られたものであり、それを受け入れることで自由になれる面もあるのです。

言語の例を考えてみると分かりやすいでしょう。ただ感じるままにウマウマウマーと言っているほうが、赤ちゃんにとっては自由にやりたい放題だという考え方もできるかもしれません。ただ、それでは実は表現できることがとても限られています。しかし、面倒ですが文法を覚えて単語を覚えて、慣用表現とかも覚えて、そうして自分の知らないところで勝手に出来上がっていたルールである言語を習得していくと、ウマウマウマーと言っていたとき以上に、その言語の範囲内で自由に自分を表現することができるようになるのです。「お腹空いた」とか「おしっこしたい」とか「背中がかゆい」とか。ルールを受け入れることによって、ある意味では不自由になるけれども、ある意味では自由になれるのです。

ルールは変えられるもの

今の話だけでは、とりあえず、ただ社会のルールに従えという感じに思われたかもしれません。確かに最初にそこに参入したときに、上の人から「ここではこれが常識だ！」と言われると、何かそれが絶対不変のもののように感じてしまうかもしれません。しかしそこからもう一歩踏み出して考えると、実は長い目で見れば全然そんなことはないのです。そのときその周辺でそのルールが一般的だっただけであり、いくらでも変わりうる可能性があるのです。

ただ、それでもそのルールを変えるには、部外者の立場からでは難しいです。部外者の立場から集団のルールを変えるとしたら、それはもう侵略と言っていいような強制的な力が必要になってくるのでしょう。だから、その世界に入ってきたばかりの、もっと言えば、まだ片足を突っ込んだだけの新人さんが「これおかしいから変えましょう」と言っても、「昔からこうやってきたんだ、生意気なこと言うな」と反発を受けてしまうかもしれません。でも、そこで働いて馴染んでいったとしたら、そのルールを少しずつ変えていくことは、その気になればできることなんです。

これは言語だって法律だってそうですよね。外国の方が日本語を勉強しようとして、分かりづらいから、文法をもっとシンプルにしようと言っても、日本語は変わるものではありません。

でも、日本語話者となり、たとえば、「が」とか「の」とか主語を表す格助詞って、当たり前だからいらなくない？　みたいに思ったとします（私はいると思うけど）。そこで、お笑い芸人として人気者になり、そういう喋り方ばっかりしていたら、子どもたちが真似るようになって、最初は大人たちから日本語の乱れだと批判されていたけれども、真似をしていた子どもたちがやがて大人になるにつれて、そういう喋り方が日常的になっていって、気がついたら、主語を表す格助詞は使わなくてもよいことになっているかもしれません。

そう簡単に日本語が変わるかって思うかもしれませんが、実際、たとえば「感謝しかないですね」というような、ポジティブなことに「しかない」を使う表現は、ほんの少し前はほとんど使われていなかったですが、いつの間にかかなり一般的になりました。誰かが使い始めて、それを真似る人たちがいて、日本語のルールが変わったのでしょう。日本語は、日本語話者の中で、誰かが違う使い方をし始めると変わる可能性があるのです。

もちろん、法律だって、簡単には変えられないですし、外国籍の人には変えられないですが、日本人となり議員となったら、変えることができることになっています。

そのため、かつての私に対しては、ある共同体に入っていくとき、理不尽を感じたとして、その理不尽を受け入れて、自分がその共同体の成員になれたとしてもなお、それが理不尽なことだと感じたら、それを自分が変えることができることも、伝えておきたいと思います。

自分を怒った人への最大の仕返し

さて、最後に、これはエディプス・コンプレックスと直接は関係ないかもしれないですが、もう一つだけ思うことです。

冒頭の配属初日の出来事について、今振り返ってみると、実際のところ、やっぱり、のんびりしてないで真っすぐ部署に行けばよかったんじゃないのと思ったりします。

味方してあげなくて、ごめんなさい、過去の自分。

後で先輩から聞いた話によると部長はその日新人が来るのをすごく楽しみにしていたらしいのです。早く来ないかな、早く来ないかなって。それが、他の部署には来ているのに、全然現れなくって、だんだん不機嫌になってきてしまったようです。

そのため、せっかく自分を楽しみにしてくれているのだから、早く顔出してあげたらよかったんじゃないかと思うのです。

でも、当時の私には所属部署の人たちが新人が早く来ないかと楽しみに待っているなんて想像もできなかったのだろうと思います。

ただ、そのことであんなに怒鳴らなくてもよかったのではないかとも思います。また、部長はまったくカンカンだったから、どうしていけないのかをほとんど説明してくれなかったので、そのときの私は何だか分からないけれども、無茶苦茶に怒られた、もう嫌だ、と思っただけでした。

そこで、私から読者の皆さんに伝えたいことです。もしあなたが誰か上の人たちから理不尽なことを言われたなら、そしてなぜそうなのかを少しも教えてもらえなかったなら、そのことをしっかり覚えておいて、もしあなたが中堅やベテランになって、あなたよりも若い人たちに彼らの希望に沿わないことを言わなければならないとき、できるだけ丁寧にその理由を説明してあげたらよいでしょう。そうすることが、あなたに理不尽なことをした人たちへの、言わば最大の仕返しになるんじゃないかと思います。これはその人の悪口をネットに書き込んだり、家を調べてピザを送ったりするよりも、ずっと効果的で強力な仕返しなんです。そして、そんなふうに考える人たちが少しでも増えていくことが、世の中を変えていくのだろうと私は思っています。

さらに知りたい方のために

この章ではエディプス・コンプレックスのお話をさせていただきました。しかし、ここで使ったのはエディプス・コンプレックスの概念のごく一部です。特にエディプス・コンプレックスで重要なのは、それがセクシャリティの発達についての理論だということを考えると、今回の私の説明はそこが抜けているかもしれません。この概念でつねに議論になる重要なポイントである性差についてもお話できませんでした。そのあたりをもう少し知りたいと思われた方は、**妙木浩之先生の『エディプス・コンプレックス論争：性をめぐる精神分析史』（講談社）**をおすすめします。エディプス・コンプレックスを中心としながら、フロイトからそれ以後に続く精神分析の歴史を学ぶことができる良書です。

第二章　本当は自分はすごいはずなんだけど……ナルシシズムとは？

00年代のある日

若さがない

総務部に寄って用事を済ませて、自分の所属する営業部に戻るときのことだった。エレベーターに乗ると、内勤で事務関係をしている係長が後から入ってきた。僕は「お疲れさまです」と挨拶した。

係長は社内で少し変わったポジションにいる人だった。営業部の上司や先輩は、本音は分からないけれども少なくとも表向きは、ガンガン仕事してどんどん成績を上げていけという感じで働いていた。ただ、係長はどうも昔身体を壊して出世コースから外れたようで、言わば社内世捨て人のように、他から距離を置いてマイペースで働いていた。だから、他の人たちと比べて、あまり僕にうるさくお説教を言ってきたりはしなかった。僕はエレベーターに入ってきたのが係長でちょっとホッとした。ぼんやりとエレベーターの中で立っている僕に係長は穏やかな調子で話しかけてきた。

「小林さんってさぁ」

そう、他の上司や先輩はみんな「小林」と呼び捨てにしてきたが、係長だけは「小林さん」と丁寧に呼んでくれた。

「はい」

僕は何を言われるんだろうと、係長のほうを見た。

「小林さんって、何ていうか、若さがない感じがするんだよね」

これは予想外だった。いや、僕に若さがないことが予想外なわけじゃない。僕は加山雄三や森田健作みたいに若さ爆発というタイプではなかったし(すでにたとえが若くない)、どちらかと言えばいかにも若者らしく元気いっぱいなのを馬鹿らしいと思っていたくらいだったから。そうではなくて、係長からそう言われたことが意外だった。僕はどう答えたらいい

か分からず、

「はぁ」

　とだけ応じた。確かに若さがない。

「他の新人さんたちは、もっと元気がよくって、いかにも新入社員って感じなんだよね。若いうちは、経験もないし、若いことが取り柄なんだから、もっと元気に振る舞ったほうが、気に入ってもらえるんじゃないかなぁ」

　そうしているうちにエレベーターは係長が下りる階に着いた。係長は、

「まぁ、大変だと思うけど、頑張ってよ」

　と言って、フロアに降りて行った。僕はただ、

「ありがとうございます」

　とだけ、相変わらず元気のない、若さのない声で言ったのだった。

　一人取り残されたエレベーターの中で、僕はどうして係長はあんな話をしたんだろうと考えた。口調は穏やかで怒っている様子ではなく、むしろこちらを心配しているように聞こえた。ひょっとしたら、先輩たちの中で今年の新入社員のことが話題になり、どうも小林ってやつは新入社員らしくないみたいなことを言っている人がいたのを聞いて、係長はやんわりと忠告してくれたのかもしれない。

若さがないか……。

って、それって大切か？　確かに僕の同期には体育会出身の人たちがいっぱいいて、彼らは「おはようございます！」「お疲れさまでした！」と元気に挨拶するし、キビキビと行動するけれど、彼らが元気でキビキビしているのは先輩が見ているところだけで、別に年がら年中僕よりも元気なわけじゃない。彼らは体力はあるかもしれないし、きっちり先輩を敬って元気に挨拶するかもしれないけれども、それがそんなに偉いのか？　だって、彼らは漱石も三島も大江健三郎さえ読んでないんだぜ？

20年代から振り返って

体育会系を筋肉バカと侮るなかれ

あの頃はそんなことを思ってたかなぁと思いながら書いていたものの、われながら捻くれたやつです。それは先輩たちから好かれないわけだと思います。ずっと文化系の人間として本ばかり読みながら大学生活を過ごしてきた私にとっては、体育会系の人たちはそれまでほとんど接点がなく、正直なことを言ってしまえば、いわゆる「筋肉バカ」だと、ちょっと馬鹿にしていたところがあったのでしょう。彼らは人生のことを何も考えてないに違いないって。

それでも、そうした体育会系の人たちと一緒に社会に出て、同期入社として一列に並ぶことになって、本ばかり読んでいた自分よりも彼らのほうがすぐにしっかりと会社になじんでいくのを目の当たりにすることになります。でも、普通に考えてみて、そうなるでしょう。元気に挨拶ができて、先輩をしっかりと立てて、体力があって、度胸がよくって、すぐに行動をする。そういう人は、頭の中ではぐるぐると理屈っぽいことを色々と考えていたとしても、愛想はよくないし、押しも弱いひ弱な文科系の人よりも、ずっと営業として優れています。そんな現実に直面して、当時の私は対応ができずにいたのでしょう。

学生時代は、自分とは違うタイプの人間と関わらないようにしようと思えば、いくらでもそうすることができます。ただ、社会に出ると否応なく、自分とは全然違うと感じられる人たちと関わらなければならなくなりますし、望むと望まざるとにかかわらず、そんな人たちと自分が比較されたりもします。

皆さんはいかがでしょう、学生時代なら絶対に友達にならなかったような人たちと、社会人になったら毎日机を並べて一緒に働かなくちゃいけなくなった方もいるのではないでしょうか。

私も学生時代には自分と違うタイプの人たちとは関わろうとしていませんでした。そのため、世の中の自分とは違う価値観で生きている人たちが、自分にはない優れた能力をたくさん持っていることを、認めがたかったのでしょう。本当は自分はもっとすごいんだくらいに思っていたのでしょう。

そう考えると、今の私からは当時の自分はとてもナルシスティックだったと思うのです。ということで、この章ではこれもまた精神分析における重要な概念の一つ、ナルシシズムについてのお話をしましょう。

ナルシシズムってナルシストってこと?

それではナルシシズムとは何でしょうか。日本語で自己愛と訳されることもあります。「ナルシシズムってナルシストってこと?」なんて思った方もいるかもしれません。ナルシストが鏡の前で自分ってカッコいいなぁと見とれている人というイメージだとしたら、それもナルシシズムの一種ですが、精神分析の中ではもっと広い意味で使われる概念です。自分勝手とかわがままというのも、重なる部分はあるのかもしれないけれども、イコールなわけではありません。

ご存じの方も多いかもしれませんが、もともとこのナルシシズムという言葉はギリシャ神話から来ています。

昔、ナルキッソスという美少年がいました。エコーという妖精が彼のことを好きになりました。ただ、エコーは最高神ゼウスの浮気相手を庇ったために、ゼウスの奥さんヘーラーの怒りを買って、自分では喋れずに、相手の言ったことを繰り返すしかできなくされていました。エコーは、ナルキッソスのことが好きでたまらないけれども、言われたことを繰り返すしかできません。だから、ナルキッソスからしてみたら、話にも何にもならないので、わけが分からないため、何だこの人はという感じで、冷たくあしらってしまいます。そのことでエコーは大きなショックを受けて姿がなくなってしまって、ただ聞いたことを繰り返すだけの存在になってしまうのです。そう、英語でエコーと言えば、日本でいうこだまや山びこのことを表しますが、あれは姿がなくなってしまったエコーがただ聞いたことを繰り返しているのだ、という伝説があるのです。さて、そんなふうにナルキッソスがエコーを冷たくふってしまったことに怒った復讐の女神メネシスはナルキッソスを自分しか愛せないようにしてしまいます。そして、ナルキッソスは結局、水面に映った自分の姿に恋い焦がれて、やがて接吻をしようとして、泉に落っこちて亡くなってしまうのです。

というのが、ナルキッソスの物語の概要です。「いやいや、いくら自分しか愛せないって言ったって、普通に生活していれば、水に映ってるのが自分の姿だってことくらい分かるだろう、キスしようとして水に落ちるか？」って気もしてしまいますが、ギリシャ神話の神々なので普通に生活してないかもしれないですし、とりあえずその疑問は置いておきましょう。

それにしても、この話、ナルキッソスも可哀想であれば、エコーも可哀想ですし、結局、何が悪いってさかのぼって考えたら、最高神ゼウスが浮気したことじゃないかって気がしますよね。今ならゼウスが謝罪会見です。いつの時代でも偉い人は悪いことばっかりしていて、下の人たちがそのとばっちりを受けてしまうのですね……。

さて、このナルキッソスのように愛情が自分にしか向いていない状態を最初にナルシシズムと呼んだのは、フロイトではなく、フロイトにも大きな影響を与えた医師であり性科学者のハバロック・エリスでした。エリスは性倒錯の一種としてこの言葉を用いましたが、フロイトはそれをもっと普遍性のある概念として使いました。

フロイトのナルシシズム論

実はこの本ではすでに、精神分析におけるナルシシズムの状態について、一度お話をさせていただいているのです。エディプス・コンプレックスの箇所です。私は生まれたばかりの子どもはオギャーと泣けば何でもやってもらえる状態から、次第に自分の思い通りになるわけではない現実に直面しなければならなくなっていくというお話をしました。この前者がナルシシズムに関係しています。

フロイトはエネルギーの向きで説明します。生まれたばかりのときには、その人のエネルギーはすべて自分に向けられています。だから、他の人を気遣っている余裕はありません。この状態をフロイトは一次ナルシシズムと呼んでいます。そこからやがて人は自分ではない外側の対象に関心を向けていくわけですが、そこで傷つきを経験すると、外側に向けていたエネルギーをまた自分のほうに撤収してしまうことが起きます。これを二次ナルシシズムと呼びます。

つまり、人は皆生まれたときにはナルシスティックな状態であり、自分にしか興味がないのですが、成長とともに自分以外のことにも関心を向けるようになるのです。でも、何らかの要因で傷ついて撤退して、大人になっても自分にしか関心を向けられない状態も起きたりします。

これは、身体の例で考えてみると分かりやすいでしょう。たとえば、私は心理士になってから親不知を手術して抜きましたけれども、そこから一週間ぐらいはずっと痛くてしょうがなくってですね。歯がめちゃくちゃ痛いときには、人の心配をしているどころではなくなっていて。私は人の話をちゃんと聞かなければいけない仕事をしているのですが、正直なところ、このときには話がなかなか頭に入ってこない状態でした。人はダメージを受けたら、自分のことでいっぱいになってしまうものなのです。これは歯を抜いた跡が痛いという身体の例ですが、こころの傷つきの場合でも同じなんです。

ということで、ナルシシズムは誰の心の中にもあって、子どもの頃はそれが前面に出ていたけれども、大人になるに従って、そればかりではなくなって、他の人のことも考えるようになっていくのですが、何かしらダメージを受けると、またかつての状態に戻っていってしまうのです。

ナルシシズムの二つのタイプ

さて、誰しもこころの中にナルシスティックな面を持っており、状況次第ではそれが前面に出てくるのですが、それでもそうしたナルシシズムが特に顕著であるように思われる人たちも存在します。精神医学上では自己愛パーソナリティ症といった診断がありますし、そこまでではなくても、とてもナルシスティックに見える人とあまりそうは見えない人がいるのは確かです。

しかし、ナルシスティックな人と言っても、タイプがあります。ギャバードというアメリカの精神科医はナルシスティックなパーソナリティの人を二つの極の連続体として捉えました。周囲を気にかけないタイプと過剰に気にかけるタイプです。

周囲を気にかけないタイプは外から見て分かりやすいです。とても偉そうで、自分勝手で、いつでも自分が注目の的でなければ気が済まなくって、人を道具のように扱う人を想像してみてください。見るからに「自分大好き」な感じの人で、われわれが日常で使うナルシストという言葉はこちらの場合が多いかもしれません。

逆に、過剰に気にするタイプは外からはあまりよく分かりません。自分が他の人からどう見られているかにとても敏感で、そのために何か言われたらどうしようと心配していて、むしろ控え目な人だったりします。しかし、結局、相手がどうではなく、自分が相手からどう思われているかが関心の中心であるという意味で、本当には相手の心配をしているわけではなく、これもナルシシズムのもう一つの表れ方と言えるのです。この二つの極はそのどちらか一方が前面に出ているときもあれば、一人の人の中で両方の要素が混ざり合って表れてくる場合もあるでしょう。

また、周囲を気にかけないタイプは、周りが自分の思い通りに動いてくれないと、物凄く激怒することがあると言われています。それだけ強く怒るのは、自分が傷つけられたと感じているからだと考えられます。一見するといつも自信満々ですが、本当は傷つきやすい面があるのです。

一方、過剰に気にかけるタイプの人はちょっとした批判にも耐えられないので、批判されるくらいなら自分をまったく出さずに、ただ閉じこもっていることを選ぶのです。

そのため、この二つのタイプは、外から見ると異なって見えるかもしれませんが、とても繊細で傷つきやすく、少しの批判でも自分を保つことが難しくなってしまうという点では共通しています。

誰のこころにもあるナルシシズム

さて、このようなナルシシズムについての説明を聞いて、皆さんはどんなことを思い浮かべるでしょうか。ひょっとしたら、「いるいる、どっちのタイプも自分の周りにいる！」と思うかもしれません。

隣の部署の課長、高校時代の先輩、元彼、などなど、これまでの人間関係で出会ってきた方々を思い浮かべたかもしれません。その方は確かにナルシスティックな人だったかもしれません。

ただ、おそらくこの理論が私たちに取って重要なのは、誰かをナルシストだと、勝手に診断するためではなく、誰のこころの中にもナルシシズムが存在するのだと理解するためなのです。ナルシスティックな人は確かにいるかもしれないけれども、人は皆、もともとナルシスティックな存在なのです。尾崎豊は「人は皆わがままだ」って歌ってましたけれども、多分その通りなのです。それが成長するに従って、そうではない面も発達してきます。ただ、大きく傷ついたときには、容易にまた以前のわがままな存在に戻ってしまうのです。

そのため、自分のこころの中にもナルシシズムがあって、ある状況下ではそれが前面に出てきて、誰かを見下したり傷つけたり利用したりしてしまう可能性があることを頭に置いておくことが重要です。

もちろん、先述のように私にもナルシスティックな面が出てしまうときがあるのでしょう。そして、こちらから見て、とても横暴でナルシスティックに見える人は、実はとても傷ついているという視点を持つことも、私たちがそうした人たちと接するさいに役立ってくれます。

どうやって自分以外に関心を向けられるようになるの？

人は皆わがままだとしましょう。仮にそうだとして、「それじゃ、どうやって成長とともに周囲のことも考えられるようになっていくの？」という疑問があるかもしれません。

ここからはフロイトではなく、その後の世代の精神分析家コフートの理論を参照しましょう。コフートは精神分析の中の自己心理学という学派の創始者であり、ナルシシズムについての研究を深めていった人です。コフートによれば、人はみな自分自身の経験を照らし返してくれる存在を必要としています。その代表は多くの場合は子どもにとっての親であり、小さな子どもは親から自分の経験に対して、関心を持って関わってもらい、共感的に反応してもらうことによって、さまざまな要素をまとまりのある自分の経験として、心の中におさめていけるようになります。このとき親たちは、その子が自分自身の経験を自分のものとして感じるために、まるでその子の一部のように機能します。こうした子どもにとっての親のような自分の経験を照らし返してくれる存在を自己心理学では自己対象と呼んでいます。

少し説明が抽象的すぎたかもしれないですね。しかし、これは難しい話ではありません。子どもが何かをしたとき、隣にいたお母さんが「すごーい」とか「面白いねぇ」とか関心を向けてあげる場面を想像してみてください。そのように自分の行動に関心を持ってもらい、反応してもらうことが、子どものこころが発達していくうえで大切だと言うことです。

このような自己対象との関係を通して、人は自分をまとまりのあるものとして経験できるようになり、安定して他者と関われるようになっていくのです。ただし、コフートによれば、こうした自己対象は大人になればいらなくなるのではなく、生涯にわたって必要とされるものです。もちろん、子どものように「すごーい」と言ってもらう必要はないかもしれませんが、大人になっても自分がしていることに対して、誰にも応じてもらえなければ、人は自分を保てなくなってしまうのです。

「いやいや、自分はそんなのなくっても平気だぜー」なんて思う方もいるかもしれません。もちろん、他者からとても多くの直接的な反応を求める人と、そうではない人がいるのは事実でしょうが、コフートはまったく誰からの反応も必要としない人は存在しないと考えています。

たとえば、『アイ・アム・レジェンド』（二〇〇七年）という世界中がゾンビ（正確にはウイルスに感染した吸血鬼）になってしまった世の中でたった一人で生きている男の映画がありました。しかし、彼は犬を飼っているんですよね。無人島に漂着してたった一人でサバイバルするトム・ハンクス主演の『キャスト・アウェイ』（二〇〇〇年）でも犬がいました。無人島と言えば、そもそもロビンソン・クルーソーも犬を飼っていましたね。世界でたった一人になる話って犬を連れているものが多いんです。犬が彼らの自己対象と言えるでしょう。おそらく、このことは、まったく自分しかいない世界で人が生きていくことは困難で、自分の行為に対して反応してくれる何かしらの存在が必要なことを表しているのでしょう。

承認欲求オバケは

ＳＮＳの普及に伴って、承認欲求という言葉がよく使われるようになりました。もともとはマズローなどが使っていた古くからある心理学の言葉ですが、今では「あの子は承認欲求が強すぎ」とか、「あいつは承認欲求オバケだ」とか、大体あんまりいい意味では使わないことが多いですよね。

マズローの使った意味では、良い悪いではなく、人間誰しもが基本的に持っている、自分や自分の行動を尊重してほしい、関心を持ってほしい、認めてほしいという欲求を表しています。

この承認欲求も自己対象を求めているのだと理解することができるかもしれません。そして、承認欲求オバケと言われるようになってしまうとしたら、必要としている自己対象を持つことができないために、自分を維持することが難しい状態になり、過剰に周囲にそれを要求するようになっていると理解できるでしょう。

ただ、満たされないから承認欲求オバケになってしまうなら、ＳＮＳで「いいね」を沢山もらったら、満たされてオバケじゃなくなれるのか、と言われるとそう簡単なものではないでしょう。

『千と千尋の神隠し』（二〇〇一年）に出てくる何でも貪欲に飲み込んでしまうカオナシのようにもっともっととなってしまう可能性もあります。

人のこころの奥にある空虚感、孤独感や恐怖感は、その場でちょっと紛らわすことはできても、そんなに簡単に丸ごと消え去ってくれるものではありません。

承認欲求オバケと言われてしまう状態になっている方は、恐らく現在の孤独の問題だけではなく、これまでの人生を通して、自己対象との適切な関係を持つことが何らかの理由で難しかったのかもしれません。そうした方が自分は大丈夫だぞと思えるためには、その場の刹那的な経験ではなく、長期にわたる自己対象的な存在との安定した経験を積み重ねていく必要があるのでしょう。

偉くなるとナルシスティックになる？

もう一つ、仕事とナルシシズムに関係して言っておきたいことがありました。

どうも社会の中では偉くなればなるほどナルシスティックになっていく現象があるのです。若い頃に大人しかった人が、偉くなると随分ナルシスティックな、というか偉そうな感じになっていたりします。

これにはいくつかの理由があると思われます。ひとつにはもともと偉そうな部分があった人が偉くなった場合。偉そうな人というのは高校大学の同期などには、「あいつ何か偉そうだなぁ」みたいに敬遠されるので、若い頃はそれなりに我慢をしていますが、年を重ねると実情を知らない下の世代からはその偉そうさが本当に偉く見えたりします。下の世代から偉い人だと思われると、影響力が強くなるので、それ自体が本人の実力となり、本当に偉くなる、みたいなことが起きるのでしょう。はったりが本当になるのかもしれません。若い人には相手が本当にすごいのか単に偉そうなのかしっかり見極めてほしいところです。

もうひとつは、日本の文化の中には偉い人に対して、まるで子ども相手のように何でも察してあげなければいけない風習があり、次第にそうしてもらって当然で、そうしてくれない人たちは自分のことをないがしろにしているのだと感じるようになるということです。

偉い人たちを子ども扱いになんてしてない？

いやいや、そんなことはありません。たとえば、私が働き始めた頃に、職場の飲み会に参加するとよく先輩に、

「ほら、小林、ぼーっとするな、部長のビールが空いているだろ」

と怒られたものです。しかし、当時の私は、部長もいい大人なんだから、自分のビールが空いたら、自分で注ぐなり頼むなりすりゃいいだろ、と思いました。コップが空になったから、周りが気にしてあげないといけないなんて、まるで子どもみたいじゃないですか。

あるいは、本社の部長の一人は電話をかけてくるとき、必ず「ワシやワシや」と言って要件を話し始めました。「ワシや」って言われたって、誰だよ、ちゃんと名を名乗れよという感じですが、私が名前を聞き返すと、すごく不機嫌になるんです。

後で先輩から、あの部長はいつもそうやって電話をかけてくるから、「ワシや」と言われたら、●●部長だから丁重に対応しなきゃいけないと教えられました。つまり、その部長からしたら、電話を取った相手は、すぐ自分が誰か、さらに言えば、どんなに偉いかを分かるべきであって、そうじゃない若造がいたら、ワシを誰だと思っているんだと不機嫌になるということです。しかし、何も言わなくても自分だと分かってもらわないと不機嫌になっちゃうなんて、子どもがわが家に電話をしているみたいです。

まだまだ例はあります。座る前に「どーぞどーぞおかけください」って椅子を引いてあげるとか、エレベーターのボタンを押してあげるとか、それって、大の大人が人にしてもらうことなのかって、思いませんか?

そう考えてみると、日本では偉い人を、まるで何もできない小さい子どもを扱うように、まったくストレスのない状況を作ってあげなければいけないという文化があるのですね。そうした敬意の示し方なのです。

そうであれば、これは偉い人が最初から特にナルシスティックなのではなく、周りがそのように扱うために、本人たちはそれがだんだん当たり前になってしまうという面があるのでしょう。

そうは言っても、偉い人を子どものように扱って、その結果、ナルシスティックな人にしてしまうという傾向は、この二〇年くらいでだいぶ減ってきているように感じます。私にはそれは望ましいことのように思われます。

本当は傷ついていたから

それでは話を冒頭の私の経験に戻しましょう。と言っても、今回は今の私から当時の私に対して言ってあげたいことはあまりありません。というよりも、きっと当時の私も本当は分かっていたのだと思うんです。つまり、漱石を読んでいなくても、三島を読んでいなくても、ましてや大江健三郎を読んでいなくても、体育会系の人たちのほうが、私よりもずっと上手く会社に適応して、よい成績を上げていて、営業職として優れていることを、本当は分かっていたんだと思うんです。でも、初めて社会に出て、彼らと比べて圧倒的に自分ができていないことに直面し、自分が社会人として何の価値もないと感じたのでしょう。そして、それが受け入れがたかったのでしょう。だから、心の中で、あんな漱石さえ読んでないやつらなんてと思うことしかできなかった。

今となってみれば、もちろん、体育会系の人たちのコミュニケーション能力の高さはさすがだと思っています。そして、飛び込みの営業に果敢に挑んでいく姿勢にも、まったく頭が下がります。彼らは明らかに当時の私よりも、というか今の私よりも、優れた面を持っていました。

当時、そう思えなかったのは、それを認めてしまうと、あまりにも自分が無力に感じるからなのでしょう。今認められるのは、あれから何年も経ち、私は営業職を辞めて、今の仕事に就き、優秀だとは言えないかも知れませんが、とりあえず二〇年近く続けられているため、ぼちぼち何とかなっていると思えているからなのでしょう。人は、自分には他にできることがあると思えるから、自分にできないことを認められるのでしょう。自分の無力さに傷ついていた当時の私にはそれができなかったのでしょうし、仕方のないことだと思っています。もちろん、本当はうすうす彼らのほうがずっと営業職として優れていると分かっていたからこそのショックなのでしょう。

ということで、振り返ってみて、あのときの自分はナルシスティックだったなぁと思ったものの、それだけ傷ついていたのでしょうし、当時の私がそばにいたら、ちょっと生意気なことを言ったとしても、そっとしておいてあげたいと思います。

ナルシシズムの概念で重要なのは、誰しも傷ついたときにはナルシスティックになる可能性があることです。自分もそうなってしまう可能性がありますし、この人すごいナルシスティックで嫌なやつだなぁと思ったとしても、ひょっとしたらその人はその場で一番傷ついている人かもしれません。

そのため、ナルシシズムの問題は克服するというよりも、生涯を通じて、自分のナルシシズムと、そして周りの人のナルシシズムと、どうやって折り合っていくかが大切なのでしょう。

ここではないどこかへ

さて、ナルシシズムの説明からは少し離れますが、ここまでこの章を書いてきて、私には心配が生じています。それは自分に合わない仕事に就いていた私が自信を無くしてナルシスティックになっていたけれども、もう少し自分に合った仕事を見つけて、そこから抜け出したのだと言いたいと思われてしまわないかということです。

何を心配しているのかと言えば、今の仕事が自分に合わないと感じたとき、すべての人が、それを辞めて新たな場所を探せばいいのかと言われると、そこまで単純なものではないと思うからです。

私もそうでしたが、仕事を辞めようかと思ったときには、他にもっと自分に合うものがあるのではないかという思いと、そんなふうに現状を受け入れずにもっとよいものがあるはずと追い求めても結局上手くいかないんじゃないかという思いの両方を行ったり来たりするものでしょう。それはやってみないと分かりません。

ひょっとしたら、何か新しいことを成してきた人たちは、そうして現状を受け入れられないで新たな挑戦をし続けてきた人かもしれません。私たちは、普段マスメディアで「本当は自分はすごいんだ」と信じて、夢をあきらめずに成功した人の体験談をしばしば耳にします。

ただ、私の仕事では、自分は他にもっとすごいことができるはずだと思いながらも、何も成し遂げられないで苦しみ続ける人たちの話を聞くことも多いのです。『俺はまだ本気出してないだけ』（二〇〇七－二〇一二年）という、そのままのタイトルのマンガがありましたが、いつか本気を出して認められるのか、ずっとそのままになってしまうのか、結果の保証はどこにもありません。

たとえば、学校に馴染めない子どもがアーティストやアイドルになりたいと言ったとします。親はそんな夢ばかり追うのはやめてちゃんと学校に行きなさいというかもしれません。でも、あるアーティストは学校なんて自分も行ってなかったし、つまらなかったら行かなくってもかまわないって言うかもしれません。あるアイドルは夢は決してあきらめなかったら絶対に叶うのって言うかもしれません。

さて、どちらの言うことを信じたらいいんでしょうか。親は有名人たちには才能があるけど、あなたは違うのなんて言うかもしれません。でも、その子に才能がないなんてどうして分かるでしょう？　それは分からない。でも、あるかどうかも分からない。

ある私の知り合いの大学で教えている先生が、全然ゼミに出てこない学生を呼び出して、何をしているかと問いただしました。すると彼はバンドをやっているのだと答えました。私の知り合いの先生は、バンドなんて食べていけるかどうか分からないんだから、とりあえず大学だけでもしっかり卒業しておけとアドバイスをしたのでした。ただ、その後、その学生のバンドは全国ツアーをして大規模フェスに出演するほど有名になり、その先生は、何だか自分は随分偉そうなことを言ってしまったなぁと思ったと話していました。

でも、その先生がちゃんと大学に来いと言った時点で、結果がどうなるかは誰にも分かりません。

この問題は答えがないかもしれません。今の仕事が合わないかもしれないので、何かもっと自分の能力を活かせる仕事を探したほうがいいのか、あるいは大きな夢は見ずに今の仕事の中でも自分にできることを探して、こつこつとやっていくほうがいいのか。これは、それぞれが悩んで、そして結果の責任を自分で取らなければいけない人生の問題なのかもしれません。

さらに知りたい方のために

本章ではナルシシズムについてご紹介をしました。ナルシシズムのことをさらに知りたい方へのおすすめとしては**岡野憲一郎先生の『自己愛的（ナル）な人たち』（創元社）**を上げておきましょう。岡野先生はこの本に限らず一般の方に向けられた多くの本を出版されていて、どれもとても面白いので関心のある方は是非手に取ってみてください。

第三章 クレームは伝染する……トラウマとは？

00年代のある日

この人、性格悪い

その日、僕はある他部署の先輩の運転する車で得意先の病院に向かっていた。先輩と二人きりで車に乗るのは緊張してしまう。実は少し前に他の先輩と同行しているときに助手席でウトウトしてしまい、それが部長に伝わって、きつくお叱りを受けたことがあった。もう寝られないぞと思うとなおさら緊張してしまう。その先輩は三〇代半ばくらいだった。先輩のほうも狭い車の中での沈黙が気づまりだったのだろう。思いついたように、フロントガラスの下に置いてあったアーモンド・チョコの箱を手に取って、僕に投げてきた。

「ほら、小林、これ見てみろ」

手に取ると、とても軽かった。明らかに空だった。でも、ビニールがかけられていて、封を切った様子はない。

「これ開けてないのに軽い」

先輩は嬉しそうに笑った。

「だろ、それ、欠陥商品だよ。コンビニで見つけたときには、俺もビックリした」

え、コンビニで手に取ったチョコの箱が空だったとして、なんでそれがここにある？

「空なのに買ったんですか？」

「買ったよ、もちろんだろ。こいつをお菓子会社に送り付けてやるんだ。やつらどんな返事してくるか楽しみだろ？」

先輩は鬼の首を取ったように得意げに話している。

うわー、この人、性格悪い。その場で店員に「これ中身入ってないみたいですよ」と言って渡せばそれでいい話じゃん。それをわざわざ金を払って購入して、そのうえでクレームをつけるなんて。

「店員が会計のときに気がついて、ちゃんとした商品に替えましょうって、言ってこなかったんですか？」

「言われたよ、でも、これがいいんですって、言い張ったら、そのまま売ってくれたぞ。まぁ、強く言ったもの勝ちだな」

僕はそこまでしてクレームをつけたいのかと思いながらも、「そうなんですねぇ」と半笑いをして答えた。

数週間後、同じ先輩と同行をしたとき、その先輩は、

「小林、ちょっとダッシュボードを開けてみろ。中に手紙が入ってるから」

と言った。僕が言われるままに中を見ると、一番上に便せんが入っていた。

それはお菓子会社から先輩に宛てられたものだった。

「この間のチョコレートの返事が来たんですね」

「読んでみろよ」

先輩は得意げだった。

「いいから読んでみろよ」

封は切られていた。僕は中から白い便箋を取り出した。

それはもう本当に模範的な、しっかりと謝っているけれども、謝りすぎてはいない、突っ

込みどころのない謝罪文だった。おまけに商品券を同封してこちらの機嫌も取ってきている。感心してしまった。

「ほら、すごいだろ。やっぱり、一流企業の謝罪文は違うよな。お前もこういう謝罪文がすらすら書けるようになれよ」

そう言いながらハンドルを回す先輩は、まるで自分の手柄を話すように上機嫌だった。

でもさ、確かにいい謝罪文だけれど、これ空ですよって店員に渡したら、こちらに実害はないはずなのに、わざわざ欠陥品と分かって購入して、クレームをつけて謝らせて、謝り方が上手いって喜んでいる。悪魔みたいな人だなぁ。僕は先輩の笑顔をちょっと恐いなぁと思いながら見ていた。

数カ月後、またその先輩と同行したときだった。営業する予定の病院に行く前に、先輩はもう一つ別に寄るところがあると言った。会社のそばの駐車場を出発すると、先輩は少し走っただけですぐに道路脇に車を止めた。あれ、こんなところには病院もクリニックもないのに。

「お前、ちょっと待ってろ。俺はそこの菓子屋に行ってくるから」

先輩はそう言って、窓の外を指さした。そこには老舗風の和菓子屋があった。

「あの店ですか？」

「そう、あそこはこのへんの菓子屋では有名なんだよ」

先輩は車を降りて駆け足で、開店したばかりの和菓子屋に入っていった。顔に似合わず甘いもの好きなのか。それとも奥さんにでも買っていくのだろうか。ほどなくして先輩は戻ってきた。なぜか少し不機嫌そうに、買ってきたばかりのお菓子を後部座席に放り投げた。

「小林、お前もこの店覚えておくといいぞ。謝罪に行くのにあんまり安くてどこにでもある菓子だと体裁が悪いし、かといって毎回デパートとかに買いに行くのは面倒だからな」

そう言われて、僕は初めて、このお菓子が謝罪に持っていくものだと気がついた。

「最初に寄るとこって、クレーム対応なんですか？」

先輩は眉をひそめて苦々しげに言った。

「そうだよ、まったく冗談じゃない。何で工場のやつらのミスのために、毎回俺が頭下げなきゃいけないんだか。工場のやつらに菓子持って謝りに行ってほしいくらいだよな」

そう吐き捨てるように言う先輩の姿からは、これまで何度となくクレーム対応をしてきたことがうかがわれた。

「この店は値段も手頃だし。ま、クレーム対応で持っていく菓子は経費で請求できるけど、あんまり高いの持っていくと、経理のやつらがうるせえんだよ。あっちはあっちで、こっちが必死で頭下げてる気持ちを分かってねぇから、もっと安いの持ってけって、平気で言ってくるからな」

そう語る先輩の姿を見ながら、僕は先輩がお菓子会社の謝罪文を誇らしげに見せてきたときのことを思い出した。

この先輩が嬉々として空のアーモンド・チョコにクレームをつけたのは、謝罪文の書き方がどうのこうのと言っていたのは、自分が日々の仕事で散々クレーム処理をさせられていたからかもしれない。この人はいつも、自分のせいではないのにと思いながら、下げたくもない頭を下げて、会社に帰ったら持って行ったお菓子が高いと文句を言われて、理不尽さを耐え忍んでいたんだ。

「この人、性格悪い」って思っちゃったけれど、この人にはこの人の苦しみがあったのかもしれない。

もちろん、必要もなくクレームをつけるのがいいとは思わないけれども。

みんなが不幸になる連鎖だ……。

戦争もクレームも連鎖する

この話は似たような経験をされた方も多いかもしれません。すごく厳しい先輩が、その上司からさらにすごく厳しく怒られているのを見てしまったとか、いじめっ子が実は前の学校ではいじめられていたとか。精神科で働いていると虐待をしている親が実は子どもの頃に虐待されていた話をよく聞きます。その親も親から虐待されていたなんて、どんどんさかのぼってしまうこともあります。さらにはその親は戦争帰りの傷痍軍人だったなんて場合もあります。

たとえば戦争で傷ついて帰ってきたおじいちゃんがお父さんを虐待して、そのお父さんが自分の子どもを虐待して、その子が学校で暴れて友達に怪我をさせて、といったように、暴力は連鎖し続けてしまうのです。

そう考えてみると、現在も世界では戦争が続いていますが、決して大袈裟な話ではなく、今起きている戦争は今の子どもたちだけではなく、一〇〇年後の子どもたちのこころにも深刻な影響を与えてしまうかもしれないのです。

話が一気にクレームから戦争へと大きくなってしまいました。しかし、戦争の暴力も連鎖しますし、商品へのクレームもまた同様に連鎖するのです。私は案外、世の中にいるクレーマーたちの一定数は、自分自身もクレーム処理をさせられている人なのかもしれないと思っています。

トラウマの定義

ということで、この章ではこころの傷つきの話をしましょう。つまりは「トラウマ」の話です。ただ、精神医学的には厳密にトラウマの定義があり、大変な経験が何でもトラウマというわけではありません。時代とともにその定義に多少の変更はありますが、大まかに言って日常の経験の範囲ではない、時が経っても癒されることのない、限度を超えた大きなこころの傷がトラウマと言ってよいでしょう。たとえば、災害とか戦争とか、暴力的な犯罪の被害にあうとか、事故で生死をさまようとか、そういったことがトラウマの代表的な例と言えます。

ただ、トラウマという言葉はいつの間にか日常的に使われるようになってきたので、私たちは普段「『ウルトラセブン』に出てくるバド星人に襲われるところがトラウマになって」とか『ウォーキング・デッド』のソフィアのエピソードがトラウマだよねぇ」とか言ったりしますが、それはとても衝撃的だったという比喩であって、精神医学的に診断されるトラウマなわけではありません。

同様に私の先輩が日々クレーム対応をしていたことも、その後の行動に影響を与えるようなつらい経験だったのだろうと思いますが、厳密な意味ではトラウマとは言えないでしょう。ただ、本章では厳密なトラウマの定義にこだわらずに、その後に大きな影響を与えるようなこころの傷つきの話ということで話を進めていきたいと思います。

トラウマは反復する

先ほどの先輩の例もそうですが、人は何かに傷ついて、その傷つきを十分に自分のこころの中で受け止めきれないとき、意図せずに同様の体験を繰り返してしまうことがあります。

これは自分がまた同じように傷つけられる場合もありますし、自分が誰かを傷つける側に回る場合もあります。

前者で言えば、前の彼氏に暴力を振るわれていた女性が、同じような暴力的な男性と付き合い始めてしまうなんて話を聞いたことはないでしょうか。先輩のクレームの話について言えば、先輩が今度はクレームする側に回ったので後者の例だと言えるでしょう。

それじゃ、どうして嫌だったのに繰り返してしまうんでしょうか？　私の先輩にしても、さんざんクレーム対応をさせられてうんざりしているのだったら、自分はクレームなんてしなきゃいいじゃないかって、思われた方もいらっしゃるかもしれません。子どもの頃に「人の嫌がることはしてはいけません」と習わなかったのかと。

理屈の上ではまったくその通りなんです。その通りなんですが、みんながそうやって自分が嫌だったことを人にしなくて、自分がしてもらって嬉しかったことを人にしてあげたとしたら、世の中はもっとよいところになっているかもしれません。でも、実際はそうではなく、むしろさまざまなかたちでつらい経験が繰り返されています。自分がされたんだから、仕返しに他の人たちにやってやれ、なんて意図的にしている人もいるかもしれないですが、そうではなくても、私たちは知らず知らずにつらい体験を繰り返してしまうことがあるんです。どうしてそんなことが起きてしまうんでしょう？　どうして戦争も虐待も繰り返されて、クレーム対応が嫌だった先輩が嬉々としてお菓子会社にクレームをつけているんでしょう？

この問題は色々な方向から理解をしようという試みがありますけれども、なかなかまだ完璧に誰もが納得できる説明をするのは難しいかもしれません。ただ、それでもいくつかの理解の補助線を引いてみましょう。

壊れものとしての人間

精神分析の中では、こころが経験できないことが行動になるという考え方があります。ちょっとややこしいですね。こころが経験できないってどういうことなんだと。人はある出来事が起きると、それに伴ってさまざまな感情を感じます。嬉しいことは嬉しいし、悲しいことは悲しいし、腹が立つことは腹が立ちます。

ただ、あまりにつらいことや恐ろしいことがあったとき、大変なことだと頭では理解しても、気持ちのほうは感じなくなってしまうことがあります。大変な出来事を振り返って、そのときには実感がなかったとか、何も感じずに妙に冷静だったとか、ほとんど覚えていないとか、そんなふうに言っている方の話を聞いたことはないでしょうか。そのように人間のこころは耐えがたい経験を感じないようにすることがあるのです。

ノーベル賞作家の大江健三郎さんのエッセイに『壊れものとしての人間』(一九七二年)という印象的なタイトルのものがありました。私も人間というものは、そして、人間のこころというものは、とてももろい壊れものなのだと思っています。どんなに強そうな人であってもそうです。そのため人は自分のこころが壊れてしまいそうなつらい出来事に対して、さまざまな防衛を働かせます。外から見て、精神的にタフそうに見える人は、そうした防衛が今のところ上手く機能している人、と言えるかもしれません。

そうして、こころが壊れそうになるのを守る手段の一つが、感じないようにすることです。つらいことを感じないようになるなら、いいじゃないかって思われるかもしれません。ただ、そんなに上手くはいきません。人間の体験は、しっかりと感情を伴って実感することで、過去のものになっていきます。感じられなかった体験は、こころの奥に生々しいままに残ってしまいます。そして、そんなふうにこころが経験できなかったことが、その代わりに行動となって反復されてしまうのです。この現象を精神分析では反復強迫と呼んでいます。

多くのことは時間が解決してくれる

自分の経験や患者さんの話から推測すると、どうやらつらい出来事が起こったとき、そのことを考えないように蓋をしたとしても、さほど大きな傷つきでなければ、そのまま放っておくと、いつの間にか、単なる過去の記憶のひとつになっていくようです。

皆さんも思い返してみてください。受験で落ちたでも、恋人と別れたでもかまいません。これまでの人生でつらいことがなかった人なんていないでしょう。

受験で落ちたときには、たとえば、オープンキャンパスの日に、自分はここに通うかもしれないんだなぁとか、どんな大学生活が待っているのかなぁと心を弾ませて、目に留まったサークルのポスターを見て、サークルはどうしようかなんて考えていたあのときの自分を思い出すと、とんでもない惨めな気持ちになるので、その大学のある駅には絶対に近づきたくないって思うかもしれません。

恋人と別れたばかりのときには、電話で別れ話をしたとき歩いていた公園に行きたくないだけでなく、二人でふざけ合いながら、あれ食べよう、これ飲もうと買い物かごに色々と放り込んでいたスーパーなんかも、今の自分がなんて孤独なんだろうと感じてしまうために、そして別れ際に言われたひどいことを思い出してしまうために、絶対に近づきたくないと思うかもしれません。

そのときには、もうそこに行くことは一生無理なんじゃないかと思うかもしれないですが、おそらくほとんどの場合、気がついたら、普通にその駅で乗り降りをして、普通にそのスーパーで買い物をするようになっているものです。自分でも驚くくらいにただの過去の記憶のひとつになっているのです。

これは私の私見なのですが、時間が解決してくれるのです。

日常生活の中では、何かのはずみで蘇ってきて、「あぁもうちくしょー」みたいに思ったりするものです。そんな、ちっちゃな「あぁもうちくしょー」が少しずつ積み重なって、つらい体験が消化されて過去のものになっていくのかもしれません。

時間とともに癒えない傷もある

ただ、たまにちょっと思い出して「あぁもうちくしょー」と思う積み重ねで、いつの間にか薄れてくれるのはそこまで深刻ではない場合です。日常生活の範囲をはるかに超えた強烈なトラウマ体験は見ないようにしていても、いつの間にかなくなってはくれません。そうしたトラウマ体験はまるで冷凍保存されているかのようにずっと心の奥に残って、あるときには行動になって表れてきます。またあるときには、まるでそのときのままのように生々しい体験としてよみがえってきます。フラッシュバックです。

深刻なトラウマ体験は私たちの人生を根こそぎ破壊してしまうかのようです。それまで積み重ねてきたことがまったく意味もないことのように思えて、自分がまるで何の価値もないように感じられます。映画や小説でつらいことがあった登場人物が、世界がモノクロになってしまったと表現することがありますが、トラウマを体験した方はよく、あれは比喩ではなく本当にそうだったとおっしゃいます。実際に世界がまったく色を失ってしまうのです。

こうした深刻なトラウマは残念ながら避けているだけでは消えてくれません。たまに思い出して「あぁもうちくしょー」と思うだけではなくなってくれません。ただ、それでは一生変わらないかと言えばそうではありません。求めれば心理士や精神科医といった専門家の治療を受けることができます。本書で詳細な説明はしませんが、現在ではトラウマに関する治療があります。もちろん、これもその方の人生の選択であり、自分は本当に誰にも話したくない、誰にも頼りたくないと強く思っている方を、無理矢理に精神科や心理相談室に連れていくべきだということではありません。私たちこころの臨床家は、その方が必要を感じたときに、お手伝いをさせていただけるということです。

精神分析vsトラウマ理論

ところで、ここで少し精神分析の歴史の話です。私はこの章で精神分析と他の精神医学の理論をあまり分けずに話してきたかもしれません。でも、実は精神分析とトラウマ理論の間には、ちょっと仲の悪い時期があったのです。

「え、精神分析って、患者のトラウマを探り当てるんじゃないの?」って思われた方もいるかもしれません。でも、それは単純化されたドラマや小説での話であって、実際はもう少し複雑なのです。

先述のようにもともとフロイトの精神分析はヒステリー患者の治療から始まりました。ヒステリー患者と言っても、ちょっとイメージしにくいかもしれませんね。日常では「ヒステリー」とか「ヒステリック」という言葉は、女性が感情的に「キー」ってなってしまう状態のことを、少し揶揄して使うことが多いかもしれません(いや、最近はそういう使い方もしないかもしれないけれども)。

ただ、もともとのフロイトの時代のヒステリーは身体的な症状や意識状態の変化などをともなう主に女性が多い疾患のことでした。このヒステリー概念の変遷についても興味深い歴史があるのですが、話が終わらなくなってしまうので、先に進みましょう。

最初フロイトは、女性のヒステリー患者の話を聞いていて、多くの人が過去に父親から性的虐待を受けた話をすることに気がつきました。そこでヒステリーは過去の外傷的な（つまりはトラウマ的な）体験がもとになっているのだと考えました。これは誘惑理論と呼ばれています。今現在の私たちからしたら、誘惑というよりも、虐待だろうという気がするのですが、フロイトは誘惑という言葉を使ったのです。

ただ、臨床を続けていくうちにフロイトは、「それにしても、そういう人が多すぎるぞ、本当にこんなに多くの人が親から性的虐待を受けているのか？」と疑いを持つようになります。そこで考えたのが、そうした性的虐待を受けたという話はむしろ患者さん側の願望なんじゃないかということです。つまり、問題は実際の外傷体験ではなくて、患者さんの中にある異性の親と関係を持ちたい願望のほうなのではないかというわけです。この話は第一章で取り上げたエディプス・コンプレックスとつながっていきます。こちらは誘惑理論に対して、欲動理論と呼ばれています。

ちなみに、精神分析の文献の中ではフロイトはきっぱりと誘惑理論から欲動理論に転向したと書かれているものもありますが、それはちょっと誇張された記述のようです。実際にフロイトのテキストをじっくり読んでみると、晩年でも誘惑理論をすべて放棄したわけではありません。フロイト自身は晩年も親からの性的虐待があった可能性もあると考えていたのだと思われますが、そうしたフロイトの理論の変遷から、一時期の精神分析はトラウマというよりも、患者さんの中にある欲動（という言葉も馴染みがないものですね。無意識的な衝動のようなものと思ってください）のほうを強調していました。ただ、こうした理論というものは時代とともに盛衰するもので、現在の精神分析ではトラウマの重要性が再び見直されるようになってきています。

以上のような経緯があるため、実は精神分析はその理論の中心的なところで、トラウマ理論とぶつかるところがあるのかもしれません。もちろん、ぶつかるからどっちが間違っているというわけではなく、そのぶつかる矛盾点の周辺にこそ、人間のこころの複雑さ、興味深さがあるとも言えるでしょう。

たとえば、第一章でお話したエディプス・コンプレックスを考えてみましょう。さて、復習です。子どもはみんな「自分がすべて」のナルシシスティックな世界で生きています。そして、ある時期まではお母さんや主たる養育者たちがその空想の世界を守ってくれているかもしれません。しかし、やがて現実のルールに直面してショックを受けます。つまり、象徴的な意味で去勢をされてしまいます。そうした去勢を受けることによって、子どもは大人になっていくことができるのです。

「この去勢って、トラウマ体験じゃないの?」って思いませんか。もう「去勢」とかっていう想像するだけで恐い言葉を使っている時点で、トラウマ的ですよね。

「それじゃ、人はトラウマ体験がないと、成長できないってこと?」という疑問が生じてきます。そうだとしたら、トラウマって必要なもの?　必要なトラウマと病気になってしまうトラウマがあるの?　なんだかややこしいですよね。書いていて私の頭も混乱してしまいます。

サイヤ人vsトラウマ理論

話は急に飛びますけれども、鳥山明先生による国民的マンガ『ドラゴンボール』（一九八四－一九九五年）では、主人公の孫悟空は実はサイヤ人という宇宙人だったことが判明します。そして、物語が進むにつれて、サイヤ人は死にかけると戦闘力があがるという謎設定が追加されます。死にかけると強くなる？　どういうこと？　トラウマ理論で考えたら、死にかけたら同様の体験をすることが恐ろしくなって、むしろちゃんと戦えなくなって、弱くなりそうなのに！　サイヤ人の身体の仕組みはよく分からないですが、ここには人はつらい思いをすればするほど強くなるという発想がありそうです。

そうなると、つらい体験も人が成長するためには必要だという考え方と、つらい体験はその人生に深刻なダメージを与えてしまうという考え方の対立が見えてきます。サイヤ人vsトラウマ理論です。皆さんはどちらに親和性を感じるでしょうか？

どちらかと言えば、一昔前は前者の考え方が優勢だったかもしれません。極端なところで言えば、水木しげる先生の自伝的要素を含んだ歴史マンガ『コミック昭和史』（一九八八－一九八九年）には旧日本軍では「畳と兵隊は叩けば叩くほどよくなる」と言われていたと描かれています。旧日本兵はみんなサイヤ人だったのかと。そこまでではなくても、以前は若者は厳しくすればするほど強くなるという風潮がありました。若い頃の苦労は買ってでもしろ、なんて言い方もありました。

私自身は若い頃に苦労がそのへんで売っていたとしても、買わない人間だったような気がしますが……。

もちろんエディプス・コンプレックスの理論もサイヤ人寄りなのでしょう。人はちゃんと去勢されないと社会化できないという感じ。

一方、昨今の風潮としては後者が強くなっている気がします。新入社員は厳しくしてしまったら、辞めてしまうかもしれない。できるだけ、優しく、褒めて育てましょう。死にかけたほうが強くなれるなんて、とんでもない。

サイヤ人側から見れば、そうやって少しも傷つかないように大事に育ててしまったら、抵抗力のない弱い人間になるだけじゃないかという反論があるかもしれません。トラウマ理論側からは、ひょっとしたら、運がよいやつはひどい目にあったことで強くなるかもしれないけど、そうじゃなくって、ひどい目にあって立ち直れない人もいるんじゃないかと言うでしょう。獅子は子を滝から落として、這い上がってきた子だけを育てると言われているけれども、それって大勢のライオンの子どもが滝つぼに呑まれて死んじゃうことを前提にしているわけで、そんな社会の在り方はよいものなのかって言うかもしれません。

この問題を本書のテーマである仕事の話として考えてみましょう。たとえば、仕事がとても大変なとき、でもこれは成長の機会だからと頑張るべき？　それとも、傷ついて立ち直れなくなるかもしれないから、そんなところは早く辞めるべき？　あるいは、後輩を指導するとき、しっかりと社会の現実を知って地に足をつけてもらうために厳しく注意をするべき？　それとも、そんなことをして傷ついて出社できなくなったら意味がないから優しく気がつかないようにミスをフォローしてあげるべき？

ひょっとしたら、こうした問題について、迷いなく極端にどちらか一方を支持する意見を言う方もいるかもしれません。ときには、極端な意見が正しいように、迷いをすべて取り除いてくれるように感じるかもしれません。でも、実際はこの問題は、恐らく人類が長い歴史の中で行ったり来たりしながら問い続けてきたことであり、ここで簡単に絶対こちらが正しいと答えが見つけ出せるものではありません。

今は比較的、トラウマ理論側に風向きが来ていますが、三〇年後四〇年後には、だからあの時代は駄目だったんだ、もっと厳しくしないとっていう風が吹いてくるかもしれませんし、その先にはもう一度、厳しくしすぎは駄目だという時代が来るかもしれません。

そう言えば00年代にゆとり教育が大切ということになり、その後、それじゃ学力が下がるばっかりじゃないかという話になり、という行ったり来たりが起きていますが、これも類似した現象だと言えるかもしれませんね。

トラウマメガネで見る

話題が随分拡散しましたので、私の先輩の話に戻りましょう。この章で話したことを踏まえると、あのときの先輩の話にどのようなことが言えるでしょうか。

一つには当時の私の頭にもかすめたように、とても厳しいと感じられる人、とても攻撃的だと感じられる人は、実はその人自身が傷ついているかもしれないということです。

子どもの臨床でよく使われる「トラウマメガネで見る」という表現があります（トラウマ・インフォームド・ケアと呼ばれるトラウマを重視するアプローチで使われる言葉です）。これはとても乱暴に見えたり、問題行動ばかり起こしたりする子どもに対して、単にそういう乱暴で問題がある子として見るのではなく、背景にトラウマがある可能性はないかという視点（これがトラウマメガネ）を持って見てみるということです。

この考え方、つまりその場で起きている問題の背後にこころの傷つきがある可能性を考えておくことは、子どもの臨床の場面ではなくても、状況の理解に深みを与えてくれるでしょう。

私はサイヤ人vsトラウマ理論問題について、時代とともに行ったり来たりして、どちらかに決められるものではないとだけ言って、丸投げをしすぎたかもしれません。ここで少しだけ折衷することをお話ししましょう。

大きく傷つく体験があったとき、それが深刻なトラウマになってしまうのか、乗り越えていけるのかという問題は、傷ついた人がサイヤ人みたいな人だったら乗り越えて強くなるけれども、ヤムチャみたいな地球人だったらそうはいかない、という個人の特性だけが関係しているわけではありません。

そうして傷ついたときにその人がどんなふうに周囲に支えられたかが大きく関わっているのだと考えられています。

私が臨床場面でお話を伺うトラウマ体験がある患者さんの多くが、そうした体験を「誰にも言えなかった」と言ったり、あるいは「親に話したけれど取り合ってもらえなかった」と言ったりします。傷つきながらも、誰にも傷ついた自分を支えてもらえなかったとき、その傷つきはさらに深いものになるのです。

先述のように傷ついた人はそれまでの世界がすべてガラガラと崩れてしまうように感じます。そんな中で周囲の人たちが変わらずに支えてくれること、あなたの世界はまだ壊れていないし、あなたは世界にとって変わらずに意味のある存在だよというメッセージを伝えることが、深刻なトラウマとならないために重要なのです。

社会に出て仕事をしていて、まったく傷つかないことはあり得ませんし、少しも傷つくべきではないわけでもありません。大切なのは、もし誰かが傷ついたときに、周囲がしっかりとサポートをしてあげることです。

そのつらい体験を根掘り葉掘り聞きだせばいいわけではありません。もちろん、本人が話したそうであれば、聞いてあげればよいですし、そうでなかったとしたら、そのことを直接聞かなかったとしても、ただ押しつけがましくない程度に気にかけていることを伝えて、後はいつもと同じように接してあげることです。

また、逆に言えば、自分自身が傷ついたときには、周囲の親しい人たちとの関係を絶やさないことが大きな支えになります。嫌なことがあるとどうしても一人になりたくなってしまいますが、もちろん、一人になる時間も必要ですが、会社の同僚でも、家族でも、友達でもよいですし、誰かしらと接して、その嫌な体験を話してもよいですが、つらい体験が自分の世界のすべてを壊してしまったわけではないと感じることが、崩れ落ちていきそうな自分を結果的に支えてくれるのだろうと思います。

ダメージを受けた人には気をつけて

そして、もう一点言っておきたいのは、仕事でも、それ以外のことでも、誰かに強い不満を感じたとき、あるいは不満ではなくても何かとても強い感情を感じたとき、実はそれは過去に自分が受けた傷が癒えていないために、そのときの関係を反復しようとしているのかもしれないということです。

過去に自分が上司から理不尽な怒られ方をされた体験が忘れられないために、後輩が自分が怒られたときと同じことをしているのを見て、怒鳴りつけたい気持ちになってしまうかもしれません。

フランスのルイ・マル監督の映画で『ダメージ』（一九九二年）というものがありました。これはイギリスの下院議員の男性が自分の息子の婚約者と不倫してしまう禁断の恋愛映画です。そこらのホラー映画よりもずっと恐い、何かずっしりとこころに残る作品で、私は一〇代の頃に観て大きな衝撃を受けました。私にとっての「トラウマ的」な作品のひとつです。

この作品でとても印象的なセリフに、「ダメージを受けた人には気を付けて。自分がそれ以上傷つかないためにはなんだってするから」というものがあります。当時このセリフを聞いて、何かすごいことを言ったなと思ったのを覚えています。人は自分がひどく傷ついたとき、自分がこれだけ傷ついたのだから、これ以上傷つかないために、他人を同じだけ傷つけたってかまわないと思ってしまうことがあるのです。それはまるで傷ついた分だけ誰かを傷つけてもよい権利を得てしまったかのようです。

たとえ自分が傷ついても人を傷つける権利はない

似たような例で言えば、アウシュビッツの強制収容所を生き延びて、後にその経験を語った著名な精神科医のヴィクトール・フランクルは代表作である『夜と霧』（一九四六年）の中でこんな話をしています。
ようやく強制収容所から解放されて間もない頃、フランクルはともに収容所を生き延びた仲間と歩いていました。すると、彼は近道を選ぶために麦畑をどんどん踏みつけていってしまうのです。フランクルがそのことを注意すると、彼はこう言いました。

「なんだって？　おれたちがこうむった損害はどうってことないのか？　おれは女房と子どもをガス室で殺されたんだぞ。そのほかのことには目をつぶってもだ。なのに、ほんのちょっと麦を踏むのをいけないだなんて……」

（ヴィクトール・E・フランクル、池田香代子訳『夜と霧 新版』みすず書房）

この言葉には傷ついた人の心情がとても端的に表現されていると言えるでしょう。フランクルは不正を働かれた人であっても不正を働く権利などないが、このような当たり前の常識に立ち戻るのには時間がかかるのだと書いています。
しかし、そうして傷ついた人がそれ以上傷つかないように、当然の権利であるかのように、誰か他の人を傷つけ、そして、また傷つけられた人が誰か別の人を傷つけるというトラウマの連鎖が続いてしまうのです。
だから、自分がひどい怒られ方をされてきたことを、後輩が平然とやっているのを見て、腹が立ってきつい口調になりそうになったとき、その気持ちをぐっと抑えて、冷静な言葉で伝えることは、実はトラウマの連鎖を止めるという、とても重大で歴史的な役割を果たしているんだと私は思っています。私が第一章の終わりで、次の世代に丁寧に教えてあげることが自分を理不尽に叱りつけてきた人への最大の仕返しになると書いたのは、それが**あなたには止められなかったトラウマの連鎖を、私には止めることができる**と示すことだからなのです。

さらに知りたい方のために

トラウマ理論についてもっと知りたい方は、**森茂起先生の『トラウマの発見』（講談社）**をお読みになるとよいかもしれません。また、精神分析の歴史に関心がある方には、森先生の一般の方に向けた著書として、現代のトラウマ理論に大きく貢献した精神分析家フェレンツィの評伝**『フェレンツィの時代：精神分析を駆け抜けた生涯』（人文書院）**もおすすめです。

第四章 こういう状況でいつも上手くいかない……転移とは？

00年代のある日

結局まったく自由がないじゃないか

「小林、ちょっといいか」

昼飯を食べに事務所を出ようとした僕は先輩に呼び止められた。僕とその先輩の二人きりだった。僕はまた何か怒られるのかなって思いながら先輩の席の横に立った。

「あのさ、この間の通信教育講座の件なんだけど、お前、英会話を申し込んだって？」

確かに僕は英会話の講座を申し込んでいた。先週、本社から社員の能力向上のために通信教育講座を受ける人には補助を出すという通達があった。使える講座は決まっており、パンフレットも一緒に添付されていた。部長にこんなのがあるぞと言われて、一応はパラパラと見てみたものの、働き始めて自分の時間が少なくなったと感じていた僕は、もっとのんびり映画を観たり本を読んだりする時間がほしいので、そんなものやりたくないっていうのが本音だった。

ただ、そのまま放っておこうと思ったけれど、先輩に働き始めて数年の間はこういう本社が言ってくるものは積極的に使ったほうが熱心な社員だと思ってもらえるというアドバイスを受けた。逆に他の新入社員たちがみんな申し込んでいるのにお前が申し込まないと、一人だけやる気がないと思われてしまうぞとも言われた。

マジか、そんな面倒な。しかも、正直、そのパンフレットに載っている講座はどれもつまらなそう。社員のためを考えているなら、特定の会社の通信教育講座じゃなくって、どんなものでも領収書を出せば払ってくれるようにしてくれればいいのに。

でも、先輩からそう言われて、そのままにしらばっくれてると先輩の顔をつぶしてしまうし、僕はしょうがないので部長から渡されたパンフレットをじっくり眺めてみた。もともとやりたくないので、どれもつまらなそうだったが、ふとビジネス英会話の講座に目が留まった。

あれ、これは面白そうだぞ。

大学四年で初めて海外旅行（ネパール）に行ったとき、あぁ、もっと英語ができたら、色んな国の人たちと話せるのにと思ったのを思い出した。もっと英語ができて海外で色々な人と話している自分を想像したら、どんどん楽しくなってきた。よし、それじゃ、会社に補助を出してもらって、英語の勉強をしよう！　そう思って、意気揚々と英語の講座を申し込んだ。

「はい、英会話の講座で申し込んだんですが」

先輩は頷いてちょっと眉を顰めた。

「部長がさぁ、それ、あんまりよく思ってなさそうなんだよね」

僕はもともとやりたくないのに、やらなきゃまずいと言われて、それでようやくやりたいのを探して申し込んだのに、なんでまたそんなことになってるんだと理由が分からず、

「なんでですか？」

と先輩に尋ねた。先輩はそんなことも分からないのかという顔をしながら、

「今の小林の仕事って、英語は関係ないじゃん。まだ働き始めたばっかりで、自分の仕事もちゃんとしてないのに、仕事に関係ないことをやろうとしてる、あいつはやる気あるのかって感じで」

それを聞いて、僕はあからさまに落胆した顔をしてしまった。

「じゃあ、どうすればいいんですか」

　先輩はやれやれという表情で、

「分かるよ、こんな通信講座、別にやりたくもないしねぇ。こういう補助とかって、どうせ社長や常務あたりの気まぐれで始まっちゃったことだろうし。俺が新入社員のときには、ビジネスマナー講座を申し込んだよ。お前の同期もその類のを申し込んでたみたいだよ。だから、小林も、そういうのに変えたらいいんじゃないか」

　おそらく先輩は僕のことを心配してそう言ってくれたのだろう。ただ、僕のこころの中では何だか不愉快な気持ちがおさまらなかった。

　折角なら頑張って英語をやろうと思っていた自分がガラガラと崩れていった。結局まったく自由がないじゃないか。少しもやりたいようにできないじゃないか。全然やりたくないことをまるでやりたいかのような顔をしてやらなくっちゃいけないのか。何て馬鹿々々しい。

「まぁ、英会話は自分で金を出して、どこかしっかりしたところに通ったらいいよ」

　先輩はそうフォローをしてくれたが、おぃおぃ、それはちっともフォローになってないぞと僕は腹立ちながら思ったのだった。

20年代から振り返って

やりたくないことをやらされる

さて、この話は皆さん、どう思われたでしょうか。実際、社会人になると学生時代と比べて、やりたいことができなかったり、やりたくないことをやらされたりといったことが増えてくるのでしょう。そのため、このときの私と似たり寄ったりの状況に置かれたことがある方もいらっしゃるに違いありません。皆さんであれば、こんな状況のときにどうされるでしょうか？

おっと、その前に、お前はその後どうしたのかってことですね。このとき私は何だかむしゃくしゃしてムキーッとなってはいたのですが、ただ先輩にも部長にも、ひいては本社にも反抗して、そのまま英語講座で通したり、あるいはもう全部やらないって申し込みを撤回してしまったりすることはできず、内心ではムキーッと思いながらも、部長にやっぱりビジネスマナー講座にしますと伝えたのでした。

そうしたら、部長は「おぅ、そうか」とちょっと嬉しそうな顔なんです。そのときの部長の嬉しそうな、そう言うのを待ってたとでもいうような顔から、私はひょっとしたら、部長は自分が言うときつくなってしまうので、先輩に私にビジネスマナー講座に変えるように言えと言ったのかもしれないと思ったのでした。

しかし、己を曲げて、言われたことに従ってしまった私は、その後もしばらく納得がいきませんでした。ビジネスマナー講座の資料が送られてきても、何だかむしゃくしゃするのでやる気が起きず、こんなものいらねぇと、ほったらかしておきました。その後、たまたま実家に帰ったときにその話になり、母親があなたがやらないなら私がやると言い出しました。そして、結局、母親がその講座を受講して、うちの母親のビジネスマナーが向上したというおかしな結果となりました。

まぁ、母親は実際に自分が関心があってやりたいと思った面もあったかもしれませんが、何の返信もしなかったら、その講座の運営会社から、私の会社に連絡が行って、私の立場が不利になるんじゃないかと心配してくれたのかもしれません。

どうしてそんな気を遣わなきゃいけない

さて、このときに私が納得できないと感じた状況には、いくつかの要素が絡み合っているように思います。

一つ目には時間外に自主的に仕事に関する研修をしろと言われて、私生活に侵入されたように感じたこと。二つ目には、したくないことをさせられただけでなく、したくないことをしたいと言えと言われて、自分の主体性を奪われたと感じたこと。三つ目には、逆に今度は自分からやりたいと思ったことを、それでは駄目だと否定されてやめさせられたこと。まだ、他の角度からも考えられるかもしれませんが、とりあえずはこのような視点から見てみましょう。

一つ目のように時間外に仕事に関することをしなければいけないことは、現在の世の中では以前と比べると減ってきているのかもしれません。それでも、減っているのは一部の意識の高い大きな企業だけで、ひょっとしたら中小企業の中にはまだ大して変わらないところもあるかもしれませんね。また組織の規模に関係なく、職種や業界によって、そうした慣例が残っているところもあるかもしれません。かく言う私の心理士という仕事も時間外に多くのことをしなければいけなかったりします。

二つ目の、したくないのに、本社や上司に気を遣ってしたいような顔をしなければならないことについては、これはお互いの気を遣い合う日本文化の生み出した不自由な面だと言えるかもしれません。ただ求めに応じるのではなく、あたかも自分からそれを求めているかのように相手に応じることによって、上に立つものの期待に応えなければならないわけです。

ナルシシズムの章で、職場の飲み会に参加をしたときに、先輩から「ほら、小林、ぼーっとするな、部長のビールが空いてるだろ」とよく言われたという話をしましたね。そのように、偉い人の望むことを推測して先取りし、しかもさも喜んで期待に応える姿勢を見せなければ、その偉い人に対して失礼だとなってしまうのです。

ただ、今では上司や先輩に対してそうしなければならない風習はかなり減ってきていて、現在の若い方は以前ほど上司や先輩に気を遣わなくてもよいかもしれません。

逆に最近聞くのは厳しく言ってしまうと若い社員が辞めてしまうため、上司や先輩側が新入社員にそこまで気を遣うのかというほど子ども扱いして色々世話をしてあげている話だったりします。

異なる世代が大人として対等にやり取りすることは、いつの時代でもなかなか簡単ではないのかもしれないですね。

自分にとって特に嫌なこと

さて、最後に三つ目として挙げた自分が一度やりたいと思ったことを駄目だと否定されてしまうことについてです。実は、私自身にとっては、この三つ目が最も嫌だったんです。

これはもっとずっと後になって気がついたことなのですが、私は自分が一度やりたいと思い、あれこれと想像したり計画を立てたりしたことを、外側からの圧力によって、中止させられる状況がとても苦手で、そんなときには強くフラストレーションを溜め込んで悶々としたり、意地になって続けようとしたりしてしまうことが多いんです。自分から大切な自由が奪われてしまうようで何だかたまらない気持ちになってしまうのです。

そうしてやりたかったことにこだわることは、ときには粘り強く物事に取り組めるメリットにもつながりますが、諦めが悪かったり、やったって仕方ないことを無駄に追い求めたりしてしまうこともあるかもしれません。

もちろん、自分にそういう傾向があることに気がついてからは、前と比べると少しは、自分に対して、「まぁ待て、今やめろと言われていることが、本当に周囲の反対を押し切ってでもやる価値があることなのかを、もう一回ゆっくり考えよう」と言い聞かせることができるようになってきてはいるのですが。

それでは、どうして私がそんなに自分がやりたかったことを妨げられるのが苦手なのかを考えてみると、おそらく私の子どもの頃からの経験と関係があるのだろうと思います。

私は子どもの頃は小児喘息で、それなりに重かったため、何度も入院をしていました。そのため、他の子たちが普通にやっていることも、発作が起きてしまうかもしれないからと制限されることが多かったのです。もちろん、あとから考えると、それは妥当な判断で、喘息の子どもには無理をさせないほうがよいですし、実際にやったとしても発作を起こして自分が苦しむだけという結果になったかもしれません。

それでも、当時の私としては、あれがやりたい、これがやりたいと、あれこれと思い描いていたことを、お前には無理だと言われ、どうして他の子は平気でやっているのに、私だけが許されないのだろうと、やり切れない思いを感じていたのでしょう。

その後、大きくなってからは、幸いなことに、身体はどちらかというと丈夫なほうかもと思ったりするくらいになりました。他の人はできるけれども、私だけが身体的な脆弱さによってできない、ということはなくなりました。後の章で出てきますが、肉体労働のアルバイトだってしました。

それでも、何か自分がやりたいと思っていたことを駄目だと妨げられる状況になると、恐らく普段は思い出しもしないような当時のこころの傷つきと共鳴して、大人になった私の中にも当時のようなやり切れない気持ちが湧いてくるのだろうと思います。

こうしたことは私の人生の中で何度となく繰り返してきました。そして、あれ、自分が苦手な状況、冷静でなくなるような状況にはいつも共通点があるぞ、とだんだん私の中で理解されるようになりました。

皆さんはいかがでしょうか、自分の人生の中で、こういう状況が苦手とか、こういうタイプの人が苦手とか、いつもこんなふうに上手くいかなくなってしまうとか、そういった繰り返しが起きていることはないでしょうか？　たとえば恋人といつも同じようなかたちで上手くいかなくなって別れてしまったり、どこの職場に行っても同じようなかたちで人間関係が上手くいかなくなってしまったりといったことを体験されている方もいらっしゃるかもしれません。

こうした人生の中で繰り返されることは、多かれ少なかれ誰にでもあるのでしょう。ひょっとしたら、それはほんの些細なことで、人生に影響を与えるほどではないかもしれません。あるいは、逆に自分の人生の重要な場面で、いつも同じように上手くいかなくなってしまうといった重大なことかもしれません。それじゃ、どうしてそんなことが起きてしまうんでしょうか？

転移って患者さんがお医者さんを好きになっちゃうこと？

過去の経験が現在に反復されるということで、ここでこれもまた精神分析における最も重要な概念のひとつである転移についてお話させていただきたいと思います。

ただ、この話の中で転移のことを語るには、少しだけ注意が必要です。つまり、精神分析臨床の中で転移というのは、患者さんの何らかの過去の感情なり対人関係のパターンなりがあくまでも治療者との間で反復することを指していて、人生における反復の全般について表している言葉ではありません。

もちろん、過去の感情や対人関係のパターンが現在も繰り返されることは、治療者との間でだけ起きるわけではなく、私たちの生活のいたるところで生じるものです。ただ、精神分析や精神分析的心理療法では、他では話さないようなその人の繊細な部分が語られるために、そうしたことが生じやすくなるのかもしれません。

いずれにせよ、転移という用語の正確な定義としては、治療の中で起きた場合のことなのです。そのため、私の人生で繰り返されていることが職場でも繰り返されたという話は、過去の経験の反復かもしれないけれども、正確には転移とは言えないわけです。

　そうそう、最近のドラマやマンガはしっかりと調べているものが多いので、そういうことも少なくなってきましたが、たまに昔のドラマなどを見ていると、ただ患者さんが医師や心理士を好きになってしまうことを転移、医師や心理士が患者さんを好きになってしまうことを逆転移と言っているものがあったりします。しかしそれは幅広い転移の中のほんの一部であって、実際に現在の精神分析や精神分析的心理療法を行っている臨床家が普段注目している転移はそんな大雑把ではなく、もっとずっと細やかで繊細なものなんです。

フロイト、転移を発見する

　やはり、フロイトの話から始めましょう。フロイトの症例にはドラと呼ばれる有名な方がいます。「あるヒステリー分析の断片」（一九〇五年）という論文で紹介されています。日本では昔はドラと呼ばれていましたが、近年はドイツ語の読み方としてはドーラのほうが近いということで、そう言われることも多くなりました。でも、私はどうもドーラというと『天空の城ラピュタ』（一九八六年）を思い出して、頭の中が「四〇秒で支度しな！」となってしまうので、ここではドラという昔ながらの呼び方をさせてください。さて、思春期の少女ドラは呼吸困難や失声などのさまざまな症状のために父親にフロイトのところに連れてこられます。

フロイトは彼女の話を聞くうちに、どうも父親の友人である年上の男性K氏から求愛されて抱きつかれたことが、現在の症状の原因なのではないかと考えるようになります。さらに、そのときのフロイトは（多分私の想像ですが）自分が思いついたエディプス・コンプレックス理論で頭がいっぱいだったため、ドラの父親への愛情が、K氏との関係で呼び起こされて、K氏から求愛を受けたときに自分の中で欲動が高まって、そして逆にその欲動を抑えつける力も働いて、症状になったのではないかと推論します。

後の多くの臨床家も指摘していますが、現代から見れば、少女が父親に近い年齢の男性から急に抱きつかれて求愛されているため、これは性被害を受けたケースとして理解するべきもので、それを父親へのエディプス的な愛情と関係させてしまうのは、フロイトが自説にこだわりすぎていたのだろうという気がしてきますよね。

フロイトの理解が妥当かどうかはさておき、やがてドラは治療を辞めたいと言い始め、結局、彼女の精神分析は中断になってしまいます。そこでフロイトは、父親やK氏に向けられていた感情が、同様に年上の男性である自分自身にも向けられたために彼女は治療を去ったのではないかと考えました。そして、それが転移なのです。

フロイトの事例は、ドラに限らず現代的な視点で見ると、それはどうなんだろうというところも多かったりします。ただ、そうして自分の事例をもとにフロイトがあれこれと悩んでたどり着いた理論は、その事例についてのフロイトの理解を越えて、大きな実りをもたらすことが多いのです。ドラの分析の中断から転移について考えたことも、そうした例のひとつだと言えるでしょう。

ドラから離れて考えてみると、たとえばとても厳しい親に育てられ、厳しい教師や上司との関係に反発を覚える患者さんが、治療者も非常に権威的だと感じるようになって、治療を中断したいと言ってくる、というのは心理療法の中ではよく聞く話です。もともと転移というのはそうした現象のことだったのです。

しかし、やがて転移の理解が進んでいくと、その治療者との間で起こった感情なり行動なりについて話し合いながら、ともにそこを生き抜くことで、患者さんの現実での関係性も変えていくことができるのではないかとなっていきます。

先ほどの厳しい親の例でいえば、先生は恐いと思ってたけど、だんだん、あれ、実はあんまり恐くないぞと思えてくるかもしれません。そうなるとすべての上司がそんなに恐いわけじゃないぞとなっていき、世の中の見え方が変わっていくということです。

最初、フロイトがドラの症例で発見したときには、転移は治療を阻害する要因でした。しかし、時代とともに転移が起きるのは必然的であり、それを通して治療を行うといったものになってきています。

日常生活で起きている過去の反復

私たちは、現在の生活の中で、さまざまなかたちで、過去の体験を繰り返していると言えます。そう言われて、どう思われるでしょう？　なるほどと思った人もいるかもしれませんが、「本当にそんなこと起きてるのか？」と思った人もいるかもしれません。

転移を、まるで治療者を父親や母親のように思うことだとイメージしてしまうと、何だか自分には起きそうもない気がするかもしれません。でも、その場で本人がこの人はまるで父親のようだと意識的に思っているわけではないのです。たとえば厳しい父親のもとで反発しながら育って、ついつい権威的な人に反抗しがちな人がいたとすると、その人は相手がその都度父親と似ていると思っているわけでも、毎回父親を思い出しているわけでもありません。自分でも気がつかないくらいに自然に反抗的になってしまっているのです。

もっと言えば、現象として過去の感情なり思考なり行動なりが反復されるということ自体は別に精神分析的な理論を使わずとも、たとえば別の心理学の理論である学習理論でとらえても説明できるのです。

単純化して言うと、子どもが犬に噛まれたとします。すると、その子は別の犬を見ても恐がるかもしれません。それは前の犬との関係が転移した、つまり「前の犬転移」だと、言う必要はないけれども言えないこともないわけです。

こうした学習のもっと複雑で繊細なことが面接の中で起きているのが転移だと考えると、転移のような現象はどこにでも存在すると言えるでしょう。人は人生の中で多くのことを、何度も何度も、時を変え、場所を変え、相手を変えて繰り返しているのです。はっと気がつくと、大人になった自分の悩みが、小学生の頃の自分の悩みと相似形だったりすることもあるでしょう。このように人生の中の反復に目を向けていくことも、精神分析や精神分析的心理療法の中で行っていくことのひとつなのです。

人のことは余計なお世話

そうそう、言っておかなければいけないことがありました。こうした転移の理論からくる人生の反復の話は、できれば自分の人生を理解するときだけに使いましょう。なぜって、これを一方的に他の人にやると、すごく感じが悪くって、よけいなお世話なんです。

たとえば、「私はあなたのお母さんじゃないの！」とか「僕にお父さんを求められても困る！」とか、そんなことを言ったって、相手をよけいに怒らせるだけで、大抵は上手くいかないものです。

転移の解釈を精神分析や精神分析的心理療法の中で行えるのは、患者さんの人生について深く理解しようとする目的を共有しているからです。そうした前提のない相手の人生のことをあれこれ言うのはただ失礼なだけなのです。

でも、ですね、実際のところは、精神分析理論を勉強している治療者たちの中にも、カッとすると同職者に対してそんなことを言ってしまう方もいらっしゃったりして。そうなるともう収拾がつかなくって、大変になってしまいます。こころの臨床家たちであっても、そうした罠にはまり込んでしまいやすいものなので、皆さんも十分気をつけましょう……。

大したことは起きていない

さて、このようなことを踏まえて、00年代の私に何を言ってあげましょうか。

ぱっと思いつくのは、やりたいと思って自分の中で盛り上がってきたことを、先輩から変えろと言われたとしても、そんなに憤ることはないことです。そんなふうにやりたいことをとめられて苛立ってしまうのは、自分の苦手な状況だからだけれども、ちょっと待って、もっと冷静に考えてみようよ。はっきり言って、心配しなくったって、そのビジネス英会話を受けたところで、海外旅行でペラペラと話せるようにならないに決まってるから！　英会話がそんな通信講座で簡単に身につくわけないでしょう。だから、そのとき英会話講座をやめて失ったものは現実的には大したことじゃないから。

過去の私だけではなく、誰しも仕事をしていく中で、上司や先輩、あるいは得意先との人間関係で、さまざまな葛藤が起きてくるものだと思います。そうした葛藤のすべてとは言わないですが、ある部分は過去から持ち越された自分の苦手なパターンの繰り返しというところがあるかもしれません。ひょっとしたら、そこまでこだわる必要がないところを、自分が捉われてしまっているかもしれません。本当は大したことは起きていないかもしれないのです。だから、自分の上手くいかないパターンについて振り返ったり、過去とのつながりを考えたりすることは、ちょっと予想していなかったような気付きがあるものなのです。

ただ、ある部分はと書きましたが、もちろんすべてが自分の過去のパターンの反復で理解できるわけではありません。私の例にしてみたって、現在の感覚で言えば、業務に直接関係ないことであれば、会社に気を遣って、やりたくもないことをする必要はないと思いますし、ましてや、それを上司や先輩から指摘されて、まるで自分からやりたいような顔をしてやらなきゃいけないなんてことは、よいことだとは思いません。まだまだそうした雰囲気が残っている職場もあるかもしれませんが、時代とともにこうした過度に気を遣わなければいけない傾向が薄まってきているのは望ましい変化のように思います。

プライベートな時間を一秒でも仕事に使いたくない！

さて、本章の最後に転移、あるいは過去の関係の反復とは別の視点として、本書全体で考えていく必要があるテーマを取り上げておきましょう。このときの私はこうした通信講座を業務時間外に受けることについて拒否感を持っていました。まぁ、極端に言ってしまえば、自分のプライベートな時間を一秒でも仕事に使いたくない！　みたいな感じです。ひょっとしたら、読者の方の中にも、「そうそう、分かる分かる、休日には一切仕事に関することは考えたくないもん」みたいに思われる方もいるでしょう。

一方、私は転職して心理士になってから、平日の夜や休日に研修を受けたり、学会に行ったり、論文を書いたりなんてことは、当たり前のようになっています。この本だって、今、日曜日の午後に書いています。もちろんそれらは、直接に病院に利益を与えないという意味では仕事ではないですが、専門的なスキルの研鑽と考えると、仕事に関することです。

ただ、そうして勤務時間以外の時間を研修や研究に費やしたり、学会や研修に自分のお金を使ったりすることに対して、もちろん出費が痛いと思うことや、週末が学会でつぶれて身体が疲れたと思うことはあっても、惜しいと思ってはいないんです。自分がやりたいと思ったからやっていたのです。社会人一年目のときには、「プライベートな時間を一秒でも仕事に使いたくない！」と感じていたにもかかわらず。

これを読んでいる読者の中には、「それは仕事自体がやりがいがあるものだからじゃないの？」と思われる方もいらっしゃるかもしれません。でも、私自身としては仕事内容よりも、その仕事との関わり方の問題が大きい気がしているんです。

実際、心理士の後輩と話をすると、できるだけ休日に研修を受けたくない、自費の研修は嫌だという話をする方もいます。

私は最初、そうした後輩の話を聞いたとき、いやいや、心理士はそういう仕事だし、そんなこと言ってたら、専門家としてのスキルがいつまで経っても身につかないじゃないかと思いました。でも、あるとき、ひょっとしたら、そう言っている後輩たちの気持ちは、社会人一年目の自分のものだったのかもしれないと気がつきました。

仕事のためにプライベートな時間を一秒でも使いたくないと思っていた私と同じように、彼らは休日に心理療法や心理検査の研修を受けるのが嫌だと感じているのではないかと。そのため、特に心理士の仕事が誰にとってもやりがいがあるというわけではないのです。

さて、皆さんはこの問題についてどうお考えになるでしょうか。つまり、自分自身の職業的なスキルを高めるために、業務時間以外に時間やお金を使うことをどうお考えになるでしょうか。そんなこと絶対に嫌？　やりがい搾取の典型？　自分の専門スキルを高めるためには当然？　それも自分磨きのひとつと思うべき？

しかし、この問題は社会の仕組みとも関わってくるため、自分のこころのことだけで理解するのは難しいかもしれません。また、どんな仕事なのか、どんな職場なのかといった個別性によるところも大きいでしょう。そのため、ここでは問題提起までとさせてください。ただ、後の章でもう一度、この問題に戻ってきます。

さらに知りたい方のために

転移について何かよい文献はないかと考えてみると、たくさんあるのですが、どれも心理療法家のための専門書で、一般書は思いつきません。それだけ、転移というのは臨床と深く結びついた概念なのかもしれません。そういうわけで、ここでは一冊だけ専門家向けの本ですが、とても美しい文体で書かれていて、転移逆転移の感覚を生々しく伝えてくれる、**藤山直樹先生の『精神分析という営み：生きた空間を求めて』（岩崎学術出版社）**を上げておきましょう。私の世代の精神分析的な臨床家の多くは、藤山先生のこの本を読んで「精神分析ってすげぇ！」と思った経験があるような名著です。

第五章　なんでそんなにミスばっかりするの？……無意識とは？

00年代のある日

会社を辞めたいってことなの？

「小林、お前、また失くしたんか！　いったいどないなっとるんや。ホンマ、たるんどるで！」

部長の相変わらずの関西弁が事務所内に響いた。部長は忌々しそうな顔をしてから、自分の机の引き出しを開け、中から小さなピンのついた社章を取り出した。

「ほら、これ持ってけ。失くすなよ！　ちゃんと返せよ、分かっとるんか」

　僕は頭を下げて部長から社章を受け取った。これから本社に行く用事があり、部長に本社に行くときには背広の襟にちゃんとピンバッチの社章をつけるように言われた。でも、どこをどう探しても、僕の社章は見つからない。背広の襟に社章がついているかどうかなんて、じっくり見ないと分かんないし、そもそも社章に何の意味があるのかも分かんないし、なくていいじゃないかと思ってしまう。そんなふうに思っているから、失くしてしまうのかもしれない。

　ただ、部長が顔を真っ赤にして怒ったのは、単に社章が見つからなかったからではない。実は先週も社名入りのネームプレートを失くしてしまったのだ。こちらは毎日の営業で病院やクリニックに行くときに使うので自分でも困る。仕方なく部長にまたもらえないかと言ったら、部長は部長で本社の総務にそれをお願いするのは格好悪いようで、ずいぶん嫌そうな顔をしていた。そのネームプレートを週明けに受け取って、まだ数日しか経っていないのに、今度は社章がないと言ったので、あんなに怒ってしまったのだ。

　僕はこんな何の役に立つのか分かんないもんを失くしただけで、何でそこまで怒られなきゃいけないんだと思う。でも、怒っちゃってるんだからしょうがないので、何度も頭を下げながら、自分の背広の襟に部長から借りた社章をつけた。

どうも僕は昔から忘れ物が多いほうだった。働き始めてからも、たとえば、朝出勤したらベルトをつけていなかったことがあった。タイトなジーンズなら、ベルトがなくても何とかなるけれど、スーツのズボンはそうはいかない。ずるずるずる下がってしまう。あいにくその日は朝から他部署の先輩と同行営業だったので、そっと抜けて安いベルトを買ってくる余裕もなく、しょうがないから、きつくなるようにズボンを織り込んで書類用の大型のクリップで止めてごまかしたけれども、座るたびにクリップがお腹に刺さって痛かった。

そう言えば、もう寒くなってきたある日、家から得意先の病院に直行して、建物の中でコートを脱いだら、なんと背広を着ていなかったこともあった。ワイシャツの上にそのままコートを着て出てきてしまったのだ。営業中は、こんなに寒い日に元気にワイシャツ一枚でいるなんて変なやつだと思われているかもしれないと恥ずかしかった。

そんなふうに日常的に色んなものを失くしたり忘れたりしている僕にとっては、社章やネームプレートを失くすくらいは、どうってことないと思ってしまうのだけれど。

その日の午後、所長に借りた社章をつけて何とか本社の用事を済ませることができた。せっかく外に出たので、そのまま少し遠い得意先の病院にサンプル品を届けに行った。病院の物品担当と会ってサンプル品を渡し、事務所に帰る電車の中だった。ふと、新しくもらったネームプレートをちゃんと鞄にしまったか心配になって探してみると、入っていない。背広の胸にもつけていない。

ひょっとしたら、事務所の机に置きっぱなし？　いやいや、さっきの病院に入るときに胸につけたことははっきり覚えている。そのときまでは持っていた。それじゃ、病院で落とした？　それとも病院から駅まで道のりで落とした？

そんな馬鹿なことがあるだろうかと、電車内で鞄中をひっかき回してみるが、ネームプレートは見つからない。いくら何でも、今朝あんなに怒られたのに、また失くした何て言ったら、部長に殺されかねない！

だんだん冷や汗が出てきた。僕は慌てて次の駅で降りて、さっき話した病院の物品担当に電話してみるが、私とやり取りした周辺には落ちていないらしい。それでも探すしかないから、反対ホームの電車に乗った。

だんだん日が落ちて暗くなっていく中を、最寄り駅から先ほどの病院までの道のりにネームプレートが落ちていないかキョロキョロしながら歩いてみる。

でも、ない。どこにも見つからない。

どういうことだ？　自分でも信じられない。今週新しくもらったばかりだし、今朝社章を失くしたことを怒られたばかりなのに、また失くしてしまうなんて。

僕は所長に殺されないように頭をフル回転させて、そうだ、自分で作ればいいんだ！　と今度は職場近くの大きなビジネス用の文具店に寄って、ネームプレートコーナーを探してみる。ネームプレートはいくつかあるのだけれども、どれも僕の会社のものとは大きさもかたちも違う。なんでうちの会社は珍しいネームプレートを使ってるんだよ、どこでも売ってるやつを使えよ。こうなったら、ネームプレート全体を手作りするか？　いやいや、自分の工作の腕を過信してはいけない。手作り感満載過ぎるネームプレートをつけていたら、もっと怒られてしまう。

結局、いい案は思い浮かばず、それでも帰らないわけにはいかないので、僕はとぼとぼと事務所に戻った。ひょっとしたら、病院で胸に付けていたと思ったが勘違いで、実は机の上にあったとか、そういうハッピーエンドを夢見ながら。

「お疲れさまです」

と中に入ると、部長はすでに帰宅していて、他の先輩たちも直帰した人が多いらしく、一番年齢が近く、あまり厳しくない隣の席の先輩が一人で残っていた。

「あれ、小林、ずいぶん遅かったじゃん」

「すいません、ちょっと、本社の帰りに寄った病院で時間かかっちゃって」

「あぁ、大変だったね、お疲れ」

僕は席について、机の上を見回し、引き出しの中を探した。やっぱり、ない。そんな甘い話はない。本当にまた失くしたのだ。

「おい、どうした、小林。また何か失くしたのか？」

先輩は笑って聞いてきた。今朝僕が怒られていたことに対しての冗談なのだろう。僕は笑っている場合ではない。そんな僕の様子に気がついた先輩は、

「え、まさか、お前本当にまた何か失くしたのか？」

とズバッと聞いてきた。もうしょうがないと思って白状することにした。

「すいません、ネームプレートを失くしてしまったみたいで」

「え、ネームプレートって、今週新しくもらったやつだろ」

「はい」

「おい、嘘だろ、部長、あんなに怒ってて、今日も社章のことを言われて、それでまた失くしたのか？」

先輩は目を丸くして信じられないという顔をした。僕だって信じられない。

「はい。自分でもビックリです」

「いやいや、お前が驚いている場合じゃないから」

先輩は眉をひそめてから、自分の引き出しをガサガサと探し始めた。

ま、まさか、この人が僕のネームプレートを盗んでいたのか。意地悪の極みだ。

というわけではなく、取り出したのは色あせた先輩の古いネームプレートだった。

「これ、前に使ってたやつ。今部長に言うのはさすがにまずいから、とりあえず、これで名前だけ変えて使っとけ。まったく、本当に気をつけろよ」

先輩は古いネームプレートを放り投げてきた。僕は慌ててそれを受け取った。なんだかんだ言って、優しい人だ。


先輩が帰った後、僕は一人職場に残って、会社のネームプレートと同じ大きさ、同じフォントで名前を印刷することに腐心していた。

どうも『犬神家の一族』とかエヴァンゲリオンみたいな極太明朝体っぽく見えるけれども、パソコンに入っているどの明朝体を使ってみても、微妙に違う気がする。でも、何となく似てれば分かんないかな。プリントアウトして、一番似ている文字をはさみで切って、先輩のプレートに貼り付けなきゃいけない。夜中に残業して、何をしているんだか。

確かに僕は忘れ物をしたり、物を失くしたりすることが多い。それは昔からそうなのだけど、それにしても、今朝怒られたばかりなのにやりすぎじゃないか？　そう考えると、なんとも惨めな気持ちになってくる。この短い期間にネームプレートを二回と社章を一回、合計三回も失くしてしまうなんて。そう、三回も。自分が会社に所属していることを示すものを立て続けに三回も失くしてしまうなんて。

あれ？　僕ははさみを切る手を止めた。ふと気がついた。

これって、ひょっとして、会社を辞めたいってことなの？

20年代から振り返って

さまざまな無意識

どうも世の中にはよく物を失くす人とほとんど失くさない人がいるようです。ほとんど失くさない人からは、よく失くしている人のことが信じられないなんていう話を聞きます。逆によく物を失くす人からしたら、全然失くさない人のことが信じられないのですが。もちろん、私はよく失くす側なのでしょう。

しかし、日頃からよく物を失くしていたとしても、どうしてこのタイミングでこんな大事なものを失くしたんだろうというときがあります。絶妙なタイミングで、重要なものを失くしたり、忘れたりするんです。そんなとき、精神分析では無意識の意図を考えます。この章では無意識について取り上げましょう。

無意識は精神分析にとっての土台になるような基本概念です。ややこしいのは無意識という言葉も色々な使われ方をすることです。ひとつには、文字通り意識されていないことを無意識と言います。これについては、特に誰からも反論はないでしょうし、ただ意識されていないことを表しているだけです。先ほど私は「無意識の意図」と言いましたが、無意識がただ意識されていないことだとしたら、意図も何もないわけです。しかし、フロイトや後の精神分析家たちは無意識をもっとさまざまな動きのあるものとして描き出しました。

たとえば、あることがしたいとします。ただ、それをしようとすると、逆にそんなことはしてはいけないという気持ちの方も動きます。そうなると、したい気持ちとしてはいけない気持ちが葛藤を起こします。その結果、したい気持ちの方はこころの奥の方に押し込められてしまうかもしれません。でも、押し込められはしたけれども、完全になくなってしまったわけではないので、ときどき、ちょこちょこと思わぬかたちで現れたりします。こうしてこころの奥に押し込められたものがフロイトの言う無意識なんです。

そして、このこころの奥に押し込める働きのことをフロイトは抑圧と言いました。

メリーさん、お世話になりませんでした

フロイトはそんな無意識のちょこちょことした現れを捉えやすいのが、夢とユーモアと、そして失策行為と言われる物忘れや言い間違いや勘違いだと言っています。今回の私のケースは失策行為に当たるでしょう。

失策行為の具体例を挙げてみましょう。たとえば、フロイトが書いている有名な例として、ある国会の議長さんが「議会の開会を宣言します」と言うところを「議会の閉会を宣言します」と言ってしまったというものがあります。これは本当はこんな意味のない議会早く閉会してほしいという気持ちがあったけれども、仕事だからちゃんとしなければいけないという役割意識もあって、早く閉会したい気持ちは心の中に抑圧されたけれども、それが言い間違いというかたちで表に現れてしまったと理解できます。

このように正反対なことを言ってしまった例として、八〇年代にジャニー喜多川氏の性加害について『光GENJIへ：元フォーリーブス北公次の禁断の半生記』（一九八八年）という書籍で暴露していた北公次さんのお話をしましょう。

彼はジャニーズ事務所を退所する際に、当時の事務所の副社長であるメリー喜多川氏に対して「長いあいだお世話になりました」と言おうとしたところ、途中で言葉に詰まって、なぜか「なりませんでした」と言ってしまって、メリー氏は呆気にとられた顔になったのだと書いていま

す。この話なども、どうして正反対に言い間違えてしまうのか、普通に考えてみると不思議ですが、おそらくお世話になったという気持ちもあったでしょうが、それ以外のさまざまなこころの奥に押し込んだ気持ちがあって、口に出たのが「お世話になりませんでした」だったのでしょう。

こうした失策行為は日常にあふれているので、皆さんも思い当たるところがあるのではないでしょうか。

無意識は怒られたってどうにもならない

さて、話としてはそこまで複雑ではないのですが、案外自分のこととして考えると、意識と無意識を混乱してしまいやすいので注意が必要です。

たとえば、精神分析的心理療法では、教科書に載っているような基本として、患者さんの遅刻が続いたり、キャンセルが多くなったりしてきたときには、治療に対する抵抗が起こってきたと考えます。だとしたら、解釈をしなければいけません。そこで、ある心理士が、

「このところ、面接に遅刻されることが多いですが、ひょっとしたら来たくない気持ちがあるのかもしれません」

と言ったとします。これは心理士側としては、患者さんの中で心理療法で色んなことを思い出すのがつらくなってきて「来たくないなぁ」という気持ちがあって、「でもやっぱり治療するに

は行かなきゃいけないんだろうなぁ」という気持ちもあって、その結果、行きたくないという気持ちがこころの奥にぐっと押し込められて、それでも患者さん自身はまったく意識せずに、無意識的にいつの間にか遅刻が増えてきてしまっている、といったことを考えています。一方、言われたほうの患者さんとしては、捉え方によっては、

「来たくないからわざと遅刻しているんでしょ！」

と責められたように感じてしまう場合があるんです。無意識の解釈に慣れている患者さんだと、すぐに無意識の話だなと分かるのですが、心理療法を始めたばかりの患者さんや、あるいは自分に意識していない部分があることを実感しづらい患者さんの場合はそうなってしまいやすいです。だから、心理士としては無意識の解釈の表現には十分に気をつける必要があります。

心理士同士であっても、たとえば、精神分析的な臨床家たちの事例検討会などで自分の事例発表に対して、

「この回の面接は、いつもと違って、随分直接的に患者さんに強く言っている感じがするんですけど、どうしてなんですかねぇ」

といった意見があったときに、まだ初心の心理士は焦って、

「えぇと、それはですね」

と言って、必死で慌てて、どういう考えからそうしたのかという理由を説明しようとしたりするものです。一方、中堅になってくると、

「確かに、自分でも気がつかなかったですが、言われてみたらそうですねぇ、どうしてだろう？」

と言って、落ち着いてその場で考え始めたりします。つまり、この場合、初心の心理士は、「当然意図的にそうしているんでしょ、どういう意図があったのか説明しなさい」と問い詰められているように感じて、必死で言い訳をしようとしているわけです。一方、中堅以上の心理士は、自分の気がついていない無意識を指摘されたと思って、無意識なので気がついていなくって当然で、それじゃ、どんな可能性があるだろうと考え始めるのです。

こんなふうに無意識という概念は上手く伝わらないと相手を責めているように伝わってしまうことがあります。でも、無意識だとしたら、責めても、本人が意識してやっているわけじゃないからしょうがないのです。

そうそう、ひょっとしたら、彼女のことを間違って昔の彼女の名前で呼んでしまって、「まだその人のこと好きだから間違えたんでしょ！」と、なぜかそのときだけ急に精神分析家になった彼女に無意識を解釈されて怒られた経験のある方もいるかもしれません。でも、この場合も、もし無意識だとしたら、怒られたって、どうしようもないのです。

人間のこころの中には色々な部分があって、表に出ていないそれらの一部が、たまにポコッとこちらのコントロールが効かないかたちで、自己主張をしてくるのが失策行為です。

先ほどの北公次さんの例では、「本当はジャニーズ事務所が嫌だったから、『お世話になりませんでした』って言ったんでしょ」というふうに本人を責めたとしても、きっとそんなことはないと答えるでしょうし、本人の実感とは違うのだと思います。「お世話になった」という気持ちがあり、でも、そうじゃないという気持ちもあり、そうじゃないという気持ちは、そんなことを考えちゃいけないと封じられて、こころの奥の方に押し込められているために、それが言い間違いというかたちで出てきてしまったということです。

不注意なだけじゃないの？

さて、ここまで無意識について、失策行為を中心に説明をしましたが、皆さん、どう思われたでしょうか？　「なるほど、そうかもしれない！」と思われた方もいるでしょうけれども、「本当にそうなのか？　そうだっていう証拠はあるのか？」なんて思われた方もいらっしゃるかもしれません。

「第一、お前はもともと忘れ物ばっかりしてるんだから、そのすべてに無意識の意図があるとしたら、どんだけ無意識が活発に動いてるんだよ！」っておっしゃる方もいるかもしれません。それよりも、もともと注意・集中力に問題があるって考えたほうがずっと妥当なんじゃないかと。

もっと言えば、「それじゃ、お前は仕事にベルトを忘れたって言ってたけれど、それは人前で全裸になりたいという無意識的な願望が抑圧された結果として起こった失策行為なんじゃないか？」なんて解釈される方もいるかもしれません。私としては、いやいや、そんなことしたいと思ったことないし、さっぱりピンとこないですが、それは抑圧された無意識だから、ピンとこないのは当たり前で、本当は気がついていないところで、そういう願望があるんだとゴリ押しをされると、納得できないけれども、反論もできなくなってしまいそうです。

　こういうふうに使われると精神分析理論はどうとでも言えて反論を許さないので、なかなか暴力的な気がしてしまいますね。いったい、この問題をどう考えたらよいのでしょう。

　実際、現在の精神分析的な臨床家の多くは、すべての失策行為に無意識的な意図があるとは考えていないでしょう。もともとの器質として、物忘れが多い人もいれば、そうじゃない人もいます。特に心理的な要因を考えることもないような物忘れもあります。注意欠陥多動症（ＡＤＨＤ）などの概念が発展してきた現在であれば、なおさら器質的に不注意の傾向がある可能性を考えることも重要です。

　ただ、そうだとしても、やっぱり、「どうしてこのタイミングでこんな間違いを？」という場面があるものです。先ほどの北公次さんとメリー喜多川氏の例などはまさにそうでしょう。そして、私のネームプレートの件もそのように感じられます。

　しかし、もう少し厳密に考えてみると、たとえそうしたミスに無意識の意図が関わっていたとしても、それはおそらく「本当は会社を辞めたい」というふうに簡単に一文でまとめられてしまうものではないかもしれません。そこには、部長が恐いとか、親に申し訳ないとか、職場の近くに借りたアパートがちょっと気に入ってるとか、辞めるってどうやって言ったらいいか分からないとか、ここ辞めてどうするんだとか、他に行ったら満足できるかどうかなんて分らんぞとか、もともと営業なんて向いてない気がするとか、何でもいいですけれども、きっと数え上げたらきりがないほどの色々な考えや気持ちが混ざり合っていたのだろうと思います。人間のこころはとても複雑なので簡単に一言で言い表せるものではありません。

それでも、あのとき私は自分が何度もネームプレートや社章を失くしてしまったことに対して、「自分は会社を辞めたいのかな」と思ったのです。私はもともとは文学部日本文学科出身で、心理学が専攻ではなかったのですが、当時からフロイトやユング、小此木啓吾先生、河合隼雄先生の本は読んでいたので、そうした影響もあったのかもしれません。

重要なのは、そのことが当たっていたかどうかよりも、自分でそう思ったときに、何だか妙に納得したことです。そして、そのときに妙に納得したことが、おそらくその後に実際に会社を辞めて大学に入り直した私の人生の選択に大きな影響を与えたのでしょう。

つまり、人間のこころは複雑なので、本当のところは、あなたの無意識はこれですねと、短い言葉ですべてを表すのは難しいのだけれども、その中の可能性の一つを選択して言葉にすることで、その部分のつながりが太くなり、その人にとっての人生の意味合いが強くなるということでしょうか。

実際、私が心理士として心理療法で無意識についての解釈をするときも、その患者さんのこころの絶対的な真実を当てようというよりも、ありうる可能性のどれかを選択して、そう捉えることで、その患者さんの世界の捉え方の幅が広がったり、新たな意味が生まれたりといったことが起きたらよいと思っています。

無意識はなくならない

もちろん、日常生活での意識していないような自分の行動について、すべてに心理的な意味を見出そうとすると、息が詰まってしまいますよね。そして、無意識というものは、いくら意識しようとしてみたところで、人間のこころの中からなくなりはしません。どこまで考えても、精神分析を受けたとしても、人のこころの中には無意識の部分が残ります。そのため、そこに全部何らかの意味を見出そうとしなくてもかまいません。ただ、あれ？　それにしてもこれはおかしいぞとか、何だか単純な間違いだけではないような気がするぞというときには、自分のこころを振り返ってみてもいいかもしれないということです。

また、ひょっとしたら、自分はこんなことを感じていたのかもしれないと気がついたとき、それは隠された真実が見出されたというよりも、そう考えることでこれからの人生に新たな意味が生まれたということなのかもしれません。

これは私が今のところ勝手にイメージをしているだけで、すべての現代の精神分析を学んでいる人がそう考えているわけではありませんが、人のこころの中は、単純に上下の抑圧というわけではなく、本当に数えきれないくらいの無数の部分に分かれていて、それらがそれぞれにとても複雑に、そしてちょっとゆるく結びつき合っていて、曖昧で膨大なネットワークを作り出しているのだとイメージするのがよいのではないかと思います。

それらの一部分だけが意識としてそのときに浮かび上がっていて、またあるときには別の部分がぷかりと浮かび上がってくるかもしれません。無意識について解釈するということは、それらのゆるいつながりのある部分のどこかを強化することで、そこに新たな動きや意味を見出そうとすることなのでしょう。

本心って本当にあるの？

さて、もうひとつ私がお伝えしておきたいと思っているのは、はたして人間に本心なんてあるんだろうか、ということです。

つまり、何か抑圧されてこころの奥に押し込められていると考えると、それが本心で、表面に出ている部分は偽物みたいな気がするじゃないですか。でも、その考え方は本当に正しいんだろうかと思うんです。

よく酔っ払って本音が出たみたいな言い方をすることがあります。もちろん、酔ってたとしても、まったくこころにもないことは、そもそも思いつかないので、話したりはしないでしょう。

その意味では酔っ払って話したことはその人のこころの中にあって、素面のときには表現されることがなかった部分と言えるかもしれません。

ただ、それがその人の本当の気持ちで、普段言っていることは嘘だと思う必要はないのではないでしょうか。つまり、人間のこころは色んな面があるんです。どれが本物とか偽物とかではなく、ただ色々な面があるんです。

北公次さんがメリー喜多川氏に「お世話になりませんでした」と言ってしまったとき、「お世話になりました」と言おうとした気持ちもまた本当で、でも、事務所を恨む気持ちがあったのもまた本当で、相容れない思いがあったのでしょう。

そのため、無意識の意図を考えるとき、その方の表面に表れている気持ちはまったく嘘っぱちで意味がないものだと思う必要はありません。

どうしてこの話を付け加えようと思ったかと言えば、こうした無意識の失策行為の話を聞くと、すぐに自分ではなくて他の誰かに使いたくなるものです。そして、他の誰かの無意識を勝手に想像してしまうと、何だか相手を責めたくなってしまうかもしれません。先ほどの前の彼女の名前の例もそうですし、たとえば待ち合わせに遅刻されたり、約束していたことを忘れられたりしてしまったとします。相手はきっとごめんごめんとか、自分も楽しみにしてたのにとか言ってくれるでしょう。でも、無意識こそ本心だと考えたら「調子のいいことを言っても、無意識は嘘つかない！」なんて思ってしまうかもしれません。

前にもお話ししましたけれども、基本的には本書で解説するような精神分析の知識を自分ではない第三者の無意識の解釈に使っても、あまりよいことはありません。そして、仮にその人が遅れてきた理由に、何かしらの無意識的な意図の存在があったとしても、目の前で謝っているその人の意識がすべて嘘っぱちだというわけではないのです。

無意識についての考え方は、相手の本心を探り当てて責めるためではなく、自分の中に色々な気持ちがあることを受け入れるために使っていただけたらと思っています。

忘れ物が多いのは変わらない

さて、この章の話に関しては、特に今の私から過去の私に言ってあげられることもないかもしれません。

「会社辞めたいってことなの?」については、「そうかもしれないねぇ」ということでしょう。あ、強いてかつての自分に言ってあげられることとしては、「あれから二〇年経ったとしても、相変わらず毎日の生活で色々なものを忘れたり失くしたりしているよ」、「お財布は失くさないようにウォレット・チェーンをつけておいたほうがいいよ」ということくらいでしょうか。

さらに知りたい方のために

無意識や失策行為について学びたいならどんな本を読んだらよいかと考えると、このあたりでフロイト自身を挙げてもよいかもしれません。私が一般の方に最初の**フロイト**を読むとしたらおすすめしたいのは『**精神分析入門**』（一九一七年）です。この本は新潮社や岩波書店など色々な出版社からさまざまな訳で出版されています(日本語版のタイトルは新潮社は『精神分析入門』、岩波書店は『精神分析入門講義』となっています)。この本はフロイトがウィーン大学で一般の方向けに行った講義の記録であるため、いちから精神分析について解説をしてくれるので、初めてフロイトを読む方にはおすすめです。

第六章　自分の人生このままでいいの？……

人生を物語ること

00年代のある日

お前は何も考えてなさそうだもんな

「すいません、わたくし株式会社○○の××というものなんですが、△△先生いらっしゃいますでしょうか？」

主任は腰を低くした姿勢で名刺を出しながら、病院の外来の受付さんに声をかけた。

「△△先生？　今診察中ですけど、お約束でしょうか？」

「はい、今日、四時にこちらに来るようにというお申し付けで」

　年配の受付さんは首をかしげて困った顔をする。

「すいません、ちょっと、私聞いてなくって。診察が長引いているみたいだし、どうなってるのか。申し訳ないですけど、お待ちいただけますか？」

「もちろん、待たせていただきます」

　外来はがらんと静まり返っていて、たまに駆け足で看護師さんが通るだけだった。ほとんどの科の診察はもう終わっているのだ。主任は僕のほうを向いて、少し顔をしかめて、

「しょうがないから、ここで待つか」

　と言った。僕は、その医者は何でちゃんと約束が守れないんだよと思った。この日三件目の病院で疲れていた僕は外来のベンチにドカンと腰を下ろした。

「おい、小林、勝手に座るなよ。病院のベンチはお前が座るためにあるんじゃないんだよ。患者さんのためのものなんだぞ」

　僕は慌てて立ち上がった。ただ、そんなこと言ったって、ベンチはベンチなんだから、どうせ夕方で誰もいないんだし、座らせてくれてもいいのに、とも思った。

　そして、僕と主任は手を前に組んで立つビジネスマンスタイルで待ち続けた（ちなみに手を後ろに組んで立つのは軍人スタイル）。いつまで経っても先生は出てこない。もう、ちょっ

といい加減退屈してきて、一緒にいるのが友達なら「しりとりしない？」って言いたくなる時間だが、主任はシリアスな顔で立ち続けているのでそんなことは言えない。

一時間ほどして、ようやく診察ブースから患者さんとそのご家族が出て行き、そこからまた十五分ほどして白衣を着た男性が頭を掻きながら顔を出した。まだ三〇歳くらいの、主任よりも若そうな先生だった。主任は間髪入れずにさっと話しかけた。

「あの、△△先生、わたくし、お約束をさせていただいておりました、株式会社〇〇の××です」

先生は主任を見て、子どものように「いっけねぇ」という顔をする。

「今日だっけ？　あぁ、すっかり忘れてた。ごめんなさい。何だか大変な患者さんが入っちゃってさ」

謝ってるけど、口調は気軽な感じ。でも、主任は怒ったりはしない。

「いえいえ、お忙しいところをこちらこそ申し訳ありません」

むしろ、こっちが謝る。しかし、謝るだけではなく諦めもしない。

「今からでもかまいませんので、少しだけ商品説明のお時間をいただけないでしょうか」

そう言いながらカバンからファイルをガサガサ出す。

「あぁ、ちょっとね、これから医局の集まりがあって、急いで行かなきゃいけないんだよね。悪いねぇ、本当に」

そう言いながら、先生はまた頭を掻いて歩き出す。主任の後ろで僕は「散々待って空振りじゃん、駄目だ、今日は。っていうか、この先生、やだ」と思う。僕は足を止めたが、主任は先生の後にくっついていく。しょうがないので、僕もその後を追っていくと、主任は先生に、

「申し訳ありません、お忙しいところを。それじゃ、パンフレットだけでも受け取っていただけるでしょうか」

と商品パンフレットを差し出す。僕は渡してもこの調子なら絶対読まないよと思いながら見ている。先生はやっぱり軽い調子で迷いなくそれを受け取る。先生がパンフレットを受け取った瞬間に、

「よかったら、一度、サンプルを使っていただけたらと思うんですが。採用するしないはかまいませんので、先生に使用感みたいなものをぜひ伺いたいと思いまして」

と、主任はすかさずプッシュする。

「あぁ、全然いいですよ。資材のほうを通して用意してもらったら使いますよ」

僕は予想外の答えに驚いた。使ってくれる？　商品説明聞いてないのに、いきなり使ってくれちゃう？

「ありがとうございます！　では、先生から許可をいただいた旨を資材のご担当の方にお伝えして、準備をさせていただきます」

主任は深々と頭を下げた。慌てて僕も頭を下げた。

帰りの車の中で主任は嬉しそうだった。

「ほら、むしろ関心がないからこそ、こちらがお願いしたら、どっちでもいいからそんなに言うならって使ってくれる場合があるんだよ。資材の人は、先生がぜひ使いたいと言ってたと言ったら、使わざるをえないし、いけるかもしれないぞ。お前、ちょっと無理だと思ってただろ」

主任は満面の笑みを浮かべ得意げだった。

確かに僕は無理だと思っていた。僕なら話を聞く時間がないと言われた時点で諦めて帰ってしまっただろう。そこからもう一押しをする気力はないし、そうしようとも思わないだろう。僕は拒否されることに弱いのかもしれない。あんな風にいい意味でしつこくなれない。

先輩はニッコリと笑いながら言った。

「粘り強く営業してたら、こんなこともあるんだよ。なぁ、小林、仕事って案外面白いだろ」

仕事が面白い？　そんなこと考えたこともなかった。面白くないのが仕事の定義くらいに思っていた。主任は仕事が面白いと思っている。変なの。どうなってる？

それから、しばらく経った日のことだった。僕はその主任と同じ営業一課にいるチョコレート箱の先輩と同行するために、自分の部署を出ようとしていた。それを見て隣の席の先輩が話しかけてきた。そう、こっちはネームプレートの先輩。

「そうだ、小林、営業一課の主任が辞めるって話聞いた？」

初めて聞く話で驚いた。僕はニッコリ笑って「仕事って案外面白いだろ」と言った主任の顔を思い浮かべた。辞めるようには見えなかった。主任は、少なくとも僕よりずっと、この仕事にもこの会社にも馴染んでいるように見えたのに。

「そうなんですか？　どうして辞めるんですか？」

「分かんない。ただ、辞めるって聞いただけで。小林、これから一課の人と同行だろ、なんで辞めるのかちょっと探ってこいよ」

えー、そんなスパイみたいなことはどう考えても苦手だぞー！

「そう言えば、主任が辞めるっていう話を聞いたんですが本当ですか？」

営業先に行く車の中で、僕は恐る恐るチョコレート先輩に聞いてみた。

「え、何で、もうそんなこと知ってるんだよ。お前、よけいなことを方々でべらべら喋るなよ」

えー、聞けって言われたから聞いただけなのに、結局、僕が怒られるんじゃん。

「いや、ちょっと噂で聞いただけで、本当なのかなと」

「本当だよ。俺だって最近聞いたばっかり」

「それで、どうして辞めるんでしょう？」

先輩はハンドルを握りながら、僕をちらっと見てから言う。

「実は、主任はな、一課でいじめられてたんだよ」

予想外の話に思わず僕は「えぇ！」っと声をあげる。

「バカ、冗談だよ、冗談。営業のくせに人の話をすぐに真に受けんじゃねぇよ」

えー、何だそりゃ、冗談が分かりにくい。

「それじゃ、どうしてなんでしょう？」

先輩はちょっと渋い顔をする。

「引き抜きにあったみたいだよ。もう次の会社が決まってんだ。金だよ、金。あの人も金で動くんだよ。結局、何でも金ってわけだね」

僕はチョコレート先輩が主任のことを悪く言うのを初めて聞いたので驚いた。そして、また主任がニッコリ笑って「仕事って案外面白いだろ」と言ったときの顔を思い出した。そんなことを言う人が、何でも金だと思っているのだろうか。

「バカ、それも冗談だよ、お前、本当に何でもすぐに信じるやつだな」

えー、もう何が何だか分からない。

「冗談って、どこまでが冗談ですか？」

「引き抜きの話は本当だよ。外資系に行くんだって。あの人なりに考えるところがあるんだろ」

　そう言った先輩の顔は何となく淋しそうだった。そのとき、僕は初めて、同じ職場で一緒に働いていた人が別の会社に転職すると、残された身としては複雑な気持ちになるのだと気がついた。裏切られた気がするかもしれないし、見捨てられた気がするかもしれない。

「でも、正直、分からなくはないんだよな」

「え、先輩も転職したいってことですか？」

「いや、別にそんな具体的に考えてるわけじゃねぇよ。ただ、俺もこのままでいいのかっていうかな。何かもっとできることはないかっていうか。一〇年後とか二〇年後とか、三〇年後に自分はどうなってんだろうって思うことないか？　そんなこと考えだすと、今の自分の人生で本当に満足できるんだろうかって思ったりするって話だよ。分かるだろ」

　チョコレート先輩は珍しく感傷的な調子で言った。僕はどう答えたらいいのか分からなかった。

「お前は考えないか。お前は何も考えてなさそうだもんな。まぁ、気にすんな」

　えー、なんかバカにされた！

　バカにされたと思ったものの、言われてみると、一〇年先の自分、二〇年先の自分、三〇年先の自分のことなんて、考えていなかった。一〇年先だと主任くらい、二〇年先だとエレベーターで話しかけてくれた係長くらい、三〇年先だと部長くらい。この会社にいたら、僕はどうなっているんだろうか。でも、三〇年先は部長くらいといっても、五〇代の人がみんな部長になっているわけではない。五〇代でも職位は主任で年下の上司のもとで働いている人もいる。今の僕の同世代の人がみんな管理職になれるわけじゃない。というか、そもそも僕は管理職になりたいんだろうか？　それもよく分からない。確かにあの先輩の言うように、僕は自分の人生の先行きを何も考えていないかもしれない。ただ就職試験に受かったからこの会社に入社したし、なるようになるだろうくらいのつもりで生きてきたのかもしれない。

しかし、漱石も三島も大江健三郎も読んでいる僕が自分の人生について何にも考えていない？　何たる失策であることか。偉そうなこと言って、いっぱい本読んでいても何の役にも立ってないじゃないか。

いったい僕はどうしてここで働いているんだろう、そして、これからどんな未来を送りたいんだろう。それにしても、自分の人生を考えるっていうのはどうすればいいんだろう？

20年代から振り返って

フロイトと宮崎駿の共通点？

この章では自分の人生を物語ることについてお話したいと思います。精神分析に限らず、多くの心理療法の中で、人は自分の人生を振り返って語り、そこに今まで気がつかなかった意味を見出していくことがあります。

フロイトは「分析における構築」（一九三七年）という論文の中で、精神分析家の仕事を、破壊されて埋没した過去の建造物を発掘する考古学者の仕事と重なるところが多いと書いています。フロイトによれば精神分析家は、被分析者の語る断片的な連想の中から何が抑圧されているのかを探索します。それは考古学者が今に残された残骸の中から、当時はこのような建物だったのではないかと、想像し復元していく作業と似ているのです。

また、フロイトは考古学者と比べると精神分析家のほうが、実際に目の前に被分析者が生きており、その都度確認しながら作業ができるため、条件がよいのだとも語っています。

こうしたフロイトの話の背後には、連想を語る被分析者の中に、あたかも過去に存在した歴史的建造物のように、必ず抑圧された出来事が存在しており、精神分析家は上手くやることができれば、それを発見できるという信念があるのでしょう。

同じ論文の中で「本質的なことはすべて保たれている。完全に忘れられてしまっているように見えることでさえ、何らかのあり方をとって、どこかになお存在している。それは、ただ埋没させられているだけであり、個人の自由にならないようにされているのである」（フロイト全集第二一巻「分析における構築」岩波書店より）とも書いています。

ちょっとだけ脱線しますが、このフロイトの言葉って、どこかで似たような話を聞いたことがないでしょうか？

私はこの論文を最初に読んだとき、『千と千尋の神隠し』（二〇〇一年）の銭婆の「一度あったことは忘れないもんさ、思い出せないだけで」という台詞とまったく同じじゃないかと驚いたものでした。フロイトと宮崎駿監督が同じことを言っている。それだけで、なんだかワクワクしてしまいますね。これはフロイトの言った中でも特に、私の好きな言葉です。

しかし、過去が何らかのかたちでその人の中に残されていたいとしても、本当に人間の過去を、歴史的建造物を復元するように、完璧に再現するなんてできるんだろうかと思われた方もいるかもしれません。

昔の知り合いと当時の話をしていて、同じ出来事なのに全然違って覚えているってことはないでしょうか。そんなときには、まるで殺人事件の当事者たちがみんなバラバラなことを話し出す芥川龍之介の小説「藪の中」（一九二二年）のように、真相は誰にも確かめようがなくなってしまいます。人の記憶というものは、その後の経験によって都合よく改ざんされてしまったり、改ざんまでいかなくても、強調点が変わってしまったりします。

　そうなると、フロイトが考えていたように、考古学者と同様に過去にあったものを正確に再現するような作業が、人間の人生において可能なのかと言われると、残念ながら確証が持てないところです。

精神分析と物語論

　しかし、「過去の正確な再現が難しいとしたら、過去を振り返る作業なんて意味がないんじゃないの？」と言われると、そういうわけでもないんです。

　フロイト以後の精神分析の中では、忘れられた過去を正確に再現することが重要なのではなく、自分の人生を振り返って物語ること、それ自体が重要なのではないかと考える人たちも登場しました。これは精神分析の中だけではなく、もう少し広い範囲で、物語論と呼ばれています。カタカナでナラティヴ理論と言われたりもしますね。このような物語ることの重要性を中心に据えたナラティヴ・セラピーと呼ばれる心理療法もあります。

　こうした物語論は、精神分析における無意識の解釈は科学的に正しいと言えるのかという疑問が論じられるようになった中で、その答えの一つの方向性として議論されるようになりました。

つまり、語られた過去が正しいか正しくないかではなく、人生を物語ることそのものが重要なのです。

さて、一方で、現代の臨床的な精神分析の世界では、面接場面での情緒的な経験に注目が集まっています。それらは「ヒア・アンド・ナウ」、つまり「今ここで」の経験と呼ばれています。その反面、人生を振り返って物語る価値については、相対的に注目度が下がってきているかもしれません。ただ、私自身は人生を振り返って捉え直す作業はとても重要で意味のあるものだと思っています。ひょっとしたら、これは私がもともと文学部出身で物語に関心があることも影響しているかもしれません。

それでは、どうして自分の人生を振り返ることが重要なのかについて、ここで一つの例として『STAND BY ME ドラえもん』(二〇一四年)を挙げて説明いたしましょう。

その前に、ひとつお断りをしておくと、この章で解説する物語の重要性についての話は、実は現代の精神分析の中での共通認識ではなく、私自身が臨床経験や自分自身の人生を振り返るうえで実感したことをもとにしている部分が大きいのです。そのため、この章に関しては、特に精神分析理論がそう言っているというわけではないことをご留意いただけたらと思います。

人はみなかつてのび太くんだった

『ＳＴＡＮＤ ＢＹ ＭＥ ドラえもん』は３ＤＣＧアニメーションで製作された映画版の「ドラえもん」です。奥行きがある画面に、藤子・Ｆ・不二雄らしいマンガ的な表現が組み込まれていて、映像も非常によく出来ています。タケコプターで飛ぶシーンなどもなかなか迫力があります。また、普通の「ドラえもん」とは異なり、これ一本で完結した話になるようになっています。

映画はドラえもんがのび太くんの家にやってくるところから始まり、原作マンガのタイトルで言えば「雪山のロマンス」、「のび太の結婚前夜」、「さよなら、ドラえもん」、「帰ってきたドラえもん」など、代表的な「ドラえもん」の泣けるエピソードをつないで作られています。そこに「ドラえもんはのび太を幸せにしないと帰れないようにプログラムされている」など、原作にはない設定も付け加えられています。また、のび太くんとしずかちゃんの結婚が物語の中心となっているために、ひょっとしたら、子どもよりも大人のほうが感動してしまう作品になっているかもしれません。

未来の自分に助けてもらう

では、この映画を使って、人生を振り返る価値について考えていきましょう。まず、途中までですがストーリーを概説します。

さえない小学生のび太くんの机の引き出しの中から、子孫を名乗るせわしくんと大きな真ん丸の頭をしたロボット、ドラえもんが現れます。せわしくんは先祖ののび太くんがあんまりだらしないために子孫の人生まで大変になっているので、もっとちゃんと幸せな人生を生きてもらうためにドラえもんを世話係に置いていくと言います。最初ドラえもんは嫌がりますが、のび太くんが幸せになるまで未来に帰れないというプログラムを設定され、無理矢理に置き去りにされてしまうのです。

そこから、のび太くんとドラえもんの毎日が始まります。皆さんご存知の通り、のび太くんがジャイアンやスネ夫にいじめられて、ドラえもんに泣きつき、ドラえもんにひみつ道具で事態を解決してもらうことが繰り返されるわけです。

そして、のび太くんは幸せになるためにしずかちゃんと結婚したいと思います。しかし、未来の自分がしずかちゃんと上手くやれているかを未来テレビで見てみると、せっかくしずかちゃんに雪山の登山に誘われたのに、未来ののび太くんは煮え切らない態度で風邪気味だからと断ってしまいます。一方、しずかちゃんは一人で雪山に登り、遭難しかけてしまうのです。そこで、小学生ののび太くんは自分がタイム風呂敷で大人の姿になって、タイムマシンで未来に行き、未来の自分の代わりにしずかちゃんを助けることにします。

ただ、未来の雪山に行ったのはいいのですが、持っている地図は世界地図だし、装備もいい加滅だし、むしろ未来のしずかちゃんのお荷物になってしまいます。そしてのび太くんのお世話をしていたしずかちゃんはその無理がたたって熱を出して倒れてしまうのです。

吹雪の雪山で、どこでもドアの出口も見失って、のび太くんは途方にくれます。ドラえもんも現れません。絶体絶命の状況です。

そのとき、のび太くんは未来の自分に助けを求めることにします。つまり、今の自分がこの瞬間のことをしっかり記憶して決して忘れなければ、未来の自分なら必ず助けに来てくれるはずだとこころの中で強く信じるのです。

やがて、子どものび太くんの願いが通じ、大人ののび太くんが現れ、二人を助け出します。子どものび太くんは、「記憶が届いた」といって涙を流します。

大人ののび太くんは子どものび太くんに、

「僕を信じてくれてありがとう」

「頼ってくれてありがとう」

と言います。この映画にはいくつも感動的なシーンがありますが、この場面はその中でも特に印象深いものです。

どうしてのび太くんはまっとうな人生を歩めたのか

一つ疑問を提示したいと思います。「ドラえもん」を大人の視点で読んでみると、長編映画のときを除けば、のび太くんは本当に駄目な子ですよね。もう、とことん駄目な子なんです。私の子どもの頃も相当にのび太くんでしたけれど、本物ののび太くんはもっと頼りない子に描かれています。

しかし、それでも、結局、ドラえもんとのひと時を過ごした後、のび太くんは道を踏み外さずに、まっとうに生きていくことになります。学校を卒業して、就職をして、しずかちゃんと結婚して、子どもを作ってパパになって。いったいどうしてそんなことがあののび太くんに可能になったのでしょう？ ドラえもんが一生ついていたわけではないんです。あんなに何にもできないのび太くんだったら、もっと大変な人生になってもおかしくないのではないかと思うんです。でも、のび太くんはしっかり踏みとどまって人生を歩んでいく。何がのび太くんを踏みとどまらせたのでしょう？

そうした疑問を抱いたとき、私の頭に思い浮かんだのが、もちろんドラえもんとの信頼関係もそうですが、もうひとつタイムマシンの存在でした。

この映画でも、のび太くんはタイムマシンによって、未来の自分と会い、未来の子孫と会い、今回の映画では描かれませんでしたが、続編の『STAND BY ME ドラえもん2』（二〇二〇年）では過去の自分と会い、さまざまな時代の自分と出会います。

そこで生じるのは、現在の自分は過去のさまざまな自分が未来に向けて希望を抱いたり、絶望したり、失敗したり、成功したり、努力したり、さぼったりを積み重ねた結果なのだという感覚ではないでしょうか。そしてもちろん、今の自分が感じていること、考えていること、やっていることは、すべて未来の自分の生きていく糧になっていくわけです。つまり、過去の自分と現在の自分と未来の自分がつながっていて、それぞれが責任を背負い合っているのです。

この過去現在未来の自分を通時的に感じた結果として心の中で生まれるのが、ある種の倫理的な態度なのではないでしょうか。今の自分は自分ひとりではなく、過去や未来の自分との関係の中で、恩恵や責任を背負って生きていると感じたとき、人は最低限の、そう最低限のものかもしれませんが、倫理や勇気、あたたかさを取り戻すのだと思います。

テレビを日々賑わせているさまざまな犯罪を考えるとき、もし犯行に及んでしまいそうになった人が、その瞬間に、未来を夢見ていた子ども時代の自分を思い出すことができたら、あるいは未来の自分が今の自分の行いをどう振り返るだろうかと考えることができたら、境界線に踏みとどまれるのではないかと私は感じます。

おそらく、そうしてさまざまな時代の自分を通時的に感じて倫理観を取り戻すためには、過去の自分に対する愛情と、未来の自分への信頼が必要なのでしょう。不幸にも犯罪に及んでしまう方々はさまざまな理由によってそのことが難しい状況にあったのでしょう。

のび太くんは本当に駄目な子なのだけれど、その感覚を強く持っています。映画の中で雪山で遭難したのび太くんが未来の自分にこころの底から祈るとき、そこには未来の自分に対する力強い信頼感があります。

のび太くんがこんなにも未来の自分を強く信頼できるのはどうしてでしょうか？　それはのび太くん自身が、過去の自分を愛おしく思うことができるからかもしれません。

のび太くんはそうした過去の自分への愛情と未来の自分への信頼をベースにして、映画の中でしずかちゃんのパパが言っているように「人のしあわせを願い、人の不幸を悲しむこと」ができる能力を育んでいくのです。私はこれまでずっとのび太くんは駄目だ駄目だと書いてきましたけれど、しかし、こうした能力以上に、私たちの人生において大切な、けれども獲得が難しいものなんてあるでしょうか？

そして、この映画を観て、そうした子どものの び太くんと大人ののび太くんの通時的な関係を感じるとき、観ている私たちはドラえもんを読んでいた子どもの頃の自分と、今こうして仕事や子育てに追われる現在の自分とのつながりを感じるのかもしれません。つまり、過去の自分が感じていた未来へのさまざまな思いの中に今の自分を感じるのです。ひょっとしたら自分も、子どものの び太くんのように未来の自分をまっすぐに強く信じることができたなら、大人ののび太くんのように過去の自分を惜しみなく愛することができたならと思うかもしれません。そのことが、この映画を観た私たちの心を強く揺さぶるのだろうと私は思ったのでした。

さらに言えば、このようにタイムマシンを使って、過去の自分や未来の自分と出会う旅をして、自らの人生の連続性を見出していく作業は、何もドラえもんのタイムマシンを使わなければできないことではないでしょう。これこそが精神分析家や精神分析的心理療法家が面接室の中で行っている、その方の人生の意味を構成する仕事につながっているのではないかと私は考えています。患者さんは面接室の中で、過去や未来について語ることで、さまざまな自分と出会います。そして、バラバラなように感じられていたそれぞれの自分が、ある物語の中でつながりを取り戻していくとき、今この瞬間の人生で境界を越えずに踏みとどまることができるのではないでしょうか。そうであるなら、私たち心理療法家はその旅のお供をする、映画ほど何でもしてくれるわけではない、できの悪いドラえもんのようなものなのかもしれません。

どうして心理士になったの？

本章冒頭の過去の私の経験の中で、当時の私はなぜ自分がこの仕事をしていて、将来どのようになりたいかを、まったく考えていなかったと書きました。

本書を読まれている皆さんはいかがでしょうか？　たとえば、すでに働かれている方なら、ご自身が今のお仕事に就かれたのは、過去のどのようなことが影響していると思われるでしょうか？　あるいは、これから働かれる方は未来で自分はどのようになっていきたいと思われているでしょうか？

おそらく主任は、優秀で職場にも馴染んでやりがいを持って仕事をされていた方なので、ただ現在の収入が上がるからだけでなく、自分のこれからの人生を見据えて、転職をされたのでしょう。

もちろん、当時の私のように、そんなこと考えてないよ、という方もいらっしゃるでしょう。案外、そういう方は多いかもしれません。それが悪いというわけではないのです。

ただ、もしどこかで行き詰ったとき、「自分はいったいここで何をしてんだろう？」と感じたとき、ドラえもんとタイムマシンに乗って旅をするように、過去の自分を振り返り、未来の自分を思い描くのもよいかもしれません。

こんな話をすると、「それじゃ、お前はどうして結局それから心理士になったの？」って思われた方もいるでしょう。それでは、話せる範囲で、つまり、私のこころの中で整理のついているところまで、お話をさせていただこうと思います。

ここまでお話してきたように私は医療機器の営業職として働いていたのですが、やはりどうしてもその仕事が自分に合っているとは思えませんでした。むしろ、明らかに苦手なことをしているように感じました。そこで、自分は何がしたいかと思ったとき、大学に戻ってもっと勉強しようと思いました。営業よりもそちらのほうが得意だと。

そのときに私の中で候補として挙がったのが、もともとの専門である日本文学、そして、哲学と心理学です。心理学が入っているのは、当時、フロイトやユングを読んでいたからでした。その三択の中でどれにしようかと悩んで、結局、日本文学や哲学の大学院に進んだとしても、卒業後にどんな仕事をしたらいいか分からないため、その先が繋がっていそうな心理学科を選んだのでした。

そして、心理学科の三年次に編入し、大学院に進み、現在は大学病院の精神科で働いています。大学病院で働いているのは、なかなか仕事が決まらずに困っていたところで、たまたま募集を聞いて申し込んで採用していただいたからでした。

何だ、結局、そのくらいのことなのかと思われたかもしれませんね。少なくとも、その当時に意識的に考えていたのは、そのくらいのことでしかなかったんです。

ただ、実際に働き始めて何年か経ってから、自分が今の職場で働いている意味について、もう少し違う気づきがありました。

先述のように、私は子どもの頃、小児喘息でした。小児喘息の児童は珍しくはありませんが、何度も入院していましたので軽いほうではなかったのでしょう。発作がひどいときには病棟のベッドをビニールハウスのように覆い、中を高酸素状態にして吸入をすることもありました。

余談ですが、そのためコロナウイルスが流行したとき、肺炎になるととても苦しいというニュースを聞いて、私はあのときのような息のできない耐えがたい苦しみなのだろうと思い出したものでした。

また、私は小さい頃からいつも死について考えている子どもでした。それは死ぬのが恐いということであったり、人はどうせ死んでしまうのに何で生きているのだろうということであったりしました。

幼い頃の私は、しばしば自分の頭の中を支配する死についての観念と喘息という病気を、少しも結びつけてはいませんでした。自分が喘息の発作で死ぬ可能性があるとは、少なくとも意識的には思っていませんでした。しかし、後になって知ったことですが、当時はまだ重い喘息で亡くなる子どももいたのでした。

実際、私が入院していたとき、同じ部屋にいた私と同じように重い喘息の男の子が、ひどい発作を起こし、ビニールハウスに入りました。次の朝目覚めると彼はいませんでした。母親や看護師さんに聞くと別の病室に行ったのだと言いました。これは嘘でした。私が大きくなってから、母親はあのときの男の子は亡くなったのだけれど、それを言うと私が不安になると思ったために嘘をついていたと教えてくれました。

でも、おそらく意識的にではなくても、私は死の雰囲気を感じていたのだろうと思います。私が子どもの頃に感じていた死の恐怖は、当時は気がついていなかったですが、恐らく喘息の発作の恐怖と苦痛につながっていたのだろうという気がします。

そうして体の弱かった私は、必然的にあまり外で遊ばずに、自由に遊べる子たちを羨みながら本ばかり読んでいました。幸い思春期を迎えて体は少しずつ丈夫になっていきましたが、相変わらず本を読んだりビデオで映画を観たりばかりしていました。やがて、その流れで文学部に入学します。そして、大学を卒業し、本書で書いてきたように医療機器メーカーの営業職として病院周りをすることになります。ただ、営業職は自分にはとても合わないと感じて、大学に戻り、今の仕事に就いているわけです。

こうして振り返ってみると、思えば私のこれまでの人生は、何度も入院をしていた小学生時代、大学を卒業して、病院周りの営業、そして、再び大学に戻り、今度は心理士として病院に就職と、病院と学校の間を行ったり来たり繰り返しているのです。その意味では、どちらも兼ねている大学病院は、私の人生の中では、いい落としどころだったのかもしれません。

このように私が人生の中で大学と病院の間を行ったり来たりしているのは、おそらく幼い頃に何度も入院を繰り返した経験と、そのときにずっと本ばかり読んでいた経験が関係しているのだろうと思います。もちろん、当時の私が感じていた息ができない苦しみや恐怖、死の影、そして、同年代の子たちは皆あんなに元気に色々なことをしているのに、自分だけそれができないという取り残された孤独感などが、この職業を選ばせたことに影響しているのも否定しがたいです。

たまに病院の雰囲気が嫌いだという方がいらっしゃいますよね。でも、私は逆で、病院の雰囲気は嫌いではなく、むしろ落ち着くのです。これはおそらく、子どもの頃に、もうどうにもならないくらいに苦しくて、死んでしまいそうなほどにつらい状態で病院に運ばれてきて、吸入や点滴などでそこから救い出してもらった経験があるからなのだろうと思います。

真夜中にとても大きな発作が起きて、ときには救急車で、ときには父親が運転する車で、病院に運ばれて行く道すがら、ただひたすら息ができない苦しみしかない中で、遠くでかすかに両親の「大丈夫だぞ、もうすぐ病院に着くからな」「点滴してもらえるわよ」という声が聞こえていたのを、今でもありありと思い出すことができます。病院につけば、何とかしてもらえる、この苦しみから救ってもらえると、私も両親も、祈るような気持ちで信じていたのでしょう。

身体的な苦しみから救ってもらえたという経験は本当に大きなものです。そうした経験があるから、おそらく私は営業職のときも、心理士になってからも、ただ毎日病院に通い続けているのでしょう。自分もそうして誰かを救える病院という大きな存在の一部を担いたいと願っているのでしょう。

しかし、残念ながら、心理士は多くの場合、点滴や吸入のようにすぐには患者さんの苦しみを取ってあげられず、それはとても申し訳ないところなのですが。

と言うようなことを書きましたが、自分が総合病院で働き始めたときには、こうした過去の経験が影響しているかもしれないとは、不思議なくらいにまったく考えていませんでした。何となく病院に流れついた感じがしていました。でも、そのことに気がついたとき私は、あの頃の息ができずにもがき苦しんでいた私のためにも、この仕事はしっかりと取り組まなければならないのだ、おいそれと引き下がるわけにはいかないのだと感じました。過去の私とのつながりが、今の私に力を与えてくれているのです。そうした時間を超えたつながりは未来の私の力にもなってくれると信じています。

　以上は私と仕事に関する、ごくごく個人的な小さな物語でした。そして、おそらくこうした仕事と人生にまつわる物語は、働いているすべての方にあるのだろうと私は思っています。もちろん、この本を読んでいるあなたにもあるのです。そんなことはない自分はたまたまこの仕事をしているだけだと思った方もいるかもしれません。私自身も最初にこの仕事を選んだときにはそう感じていました。でも、ふと立ち止まって、これまでの自分の人生を振り返ってみるとき、あるいは、これからの自分を思い描いてみるとき、そこに一筋の物語が浮かび上がることがあるのです。そうした物語は、誰かと比べてすごいと自慢する必要のない、でも決して誰にも馬鹿にされる筋合いのない、**あなただけの大切なもの**なのです。

　もちろん、すべての人がそうした物語を見出すべきだというわけではないでしょう。ただ日々を過ごしているだけで十分な方もいるでしょう。けれども、どこかで行き詰ったとき、今の自分がいったい何のために何をしているのか分からなくなったとき、人生を振り返って物語ることは、とても貴重な経験となると私は考えています。ひょっとしたら、今の仕事の大切さがわかるかもしれません。あるいはもっと他にやりたいことが見つかるかもしれません。何が見出されるかは分かりません。それでも、私たちの人生にこれまで気がつかなかった意味を与えてくれるでしょう。

ところで、心理士になって大学病院で働いていると、夕方に院内や医局で、製薬会社や医療機器メーカーの営業だと思われる方々を見かけます。私は白衣を着ていて、外見上は医師と区別がつかないので、彼らは私を見ると深々とお辞儀をしてくれます。でも、私は心理士なので薬や医療機器を採用する権限なんてありません。私に頭を下げたって何の得もないですよと恐縮をしてしまうのですが。

しかし、そんな風に医師の出待ちをしている姿を見ると、まるでかつての私を見るように、あるいは、そうであったかもしれないもう一つの時間軸の私を見るように感じて、つくづく不思議な気持ちになります。私は彼らだったかもしれないのです。私が彼らだったかもしれないとしたら、彼らも私だったかもしれません。人生は数えきれないくらいのいくつもの分岐点を通り過ぎてきた結果なのです。今の私はそうであったかもしれない無数の可能性の中から、たったひとつだけ選んだ道を歩いているのです。

それにしても、主任が言っていたように、患者さん用のベンチにだらんと座っている営業職なんていません。みんなビシッとした姿勢で格好よく立っています。そんな彼らの毅然とした姿を見ると、もう関係はないけれども、今の私もなぜだかとても誇らしい気持ちがするのでした。

第七章　先が見えないときどうしたらいいの？……

ネガティブ・ケイパビリティ

00年代のある日

夜にひたすら刑事コロンボを観る

どうやって切り出したらいいんだろう。

それを考えると頭が痛くなる。会社を辞める人って、みんな最初どんなふうに上司に話してるんだろう？

営業職を辞めることを決めた僕はこっそり受けた心理学科への編入試験に合格した。四月からはまた大学で学ぶことになる。ただ、その前に部長に大学に戻るので会社を辞めると言わなければいけない。

でも、そんなこと言ったら怒るんじゃない？　しかも、隠れてこっそり勉強して、もうすでに受かっちゃってるから、会社辞めるしかありませんよなんて、せこくないか？　そう、せこいし、ずるい。だから、部長が怒ってもしょうがない。そうじゃなくても、よく怒られてるし、辞めるなんて言ったら、どのくらい怒られるか、想像がつかない。

頭の中で、どんなタイミングで、どんな言い方をすればいいか何度もシミュレーションをしてみるが、まったくよい案が思いつかない。

「部長、大学受かっちゃいました！　会社辞めます！」

「何言っとる、なめたことぬかすと許さんぞ、われ！」

あぁ、もう無理。考えるのやめよう。そう思っても、頭の中はそのことでいっぱいになってしまう。

別に僕は大した戦力にもなってないけれども、一応担当地区を持っているわけだから、僕が辞めたらそこを別の人がやらなきゃいけない。人事としても僕の部署に来年の四月からまた人を入れる調整をしないといけない。急に言われても困るだろうから、早く言っておかないといけない。

それにこのままずっと言わないと、来年度の仕事のことがどんどん話し合われてしまう。もういないのにと思いながら、それを聞き続けているのは何とも心苦しい。

あれ、その前に退職っていつまでに言わなきゃいけないとかってルールがあったっけ？

部長のほうでは来年度の計画を考え始めているだろうから、言うのが遅くなればなるほど、言われたときのお怒りも大きいかもしれない。

「何言うとるんや、耳の穴に指突っ込んで奥歯ガタガタ言わしたるで！」

上方落語では恐い関西のおじさんは怒ると大抵そう言う。部長もとんでもなく怒ったらそう言うんだろうか。そんなこと言われたら耐えられない。あぁ、さすがに明日言うのは無理だろう。明後日にしようか。っていうか、さすがにってなんだよ、どうさすがになんだよ。

何もしないとそのことばかり考えてしまうので、しょうがないから「刑事コロンボ」を観ることにした。思い返せば、会社を辞めて、大学に戻ろうと決めるときも、どうしたらいいか分からずに毎晩思い悩んで、結局、「刑事コロンボ」を観ていた。なぜか分からないけれども、「刑事コロンボ」は現実を一時停止してくれる。だから、悩んだときにはぼけーっとした顔をして、ただひたすら「刑事コロンボ」を観続けてしまう。

僕はこの日も、コロンボ役のピーター・フォークがボロボロのコートでもじゃもじゃ頭を掻きながら、「すいません、もうひとつだけいいですか」と言うのをぼんやりと眺めていた。本当は「すいません」は僕の台詞だけれども。

結局、次の日に他の先輩たちが誰もいなくなる時間があり、今しかないと思って、多分とんでもなく緊張した顔をして、

「あの、部長、お話があるんですが」

と切り出した。

あんなに緊張して、勇気を出して言ったことなのに、あるいはむしろ緊張しすぎていたからなのか、自分がどんなふうに部長に話したのか、さっぱり覚えていない。ただ、覚えているのは、部長はまったく怒らず、むしろ神妙な顔をしていたことだった。部長は、

「もう決めたんやな」

と僕の顔を真正面から見て聞いてきた。僕は「はい」と頷いた。

少しも怒られなかったので、拍子抜けと言えば拍子抜けだった。何だか妙なふわふわした気分だった。しばらくして、他の先輩たちにも退職を伝えた。怒られはしなかった。ただ、それから辞めるまでの期間は、やはり居づらかった。先輩たちもよそよそしいとまでは言わないけれど、どことなく気を遣っている感じで、何だか申し訳なかった。

そんなとき、部長に「飲みに行かへんか。今日とか付き合えるんか」と言われた。僕は、え、やっぱ、怒られるの？　何言われるの？　とドキッっとしたが、断るわけにもいかず、

実際用事もないし、「はい、大丈夫です」と答えた。

そのときまで部長とサシで飲みに行ったことはなかった。もともと、僕は付き合いの悪い人間であまり積極的に職場の人と飲みに行ったりはしなかった。どうせ飲むなら気を遣わなきゃいけない職場の人よりも学生時代の友達と飲みたいと思っていた。部長は部長で遠くに住んでいたこともあって、部下と一緒に飲むことは多くなかった。

それにしても、部長とサシ飲み？　わ、どうしたらいい。何言われるんだろう。何聞かれるんだろう。勘弁してほしいなぁ、緊張してゲロ吐きそうだよと思いながら、結局、その日の夜は部長と二人で仕事帰りに駅の近くの魚民に行った。

部長から特別なことは何も言われなかった。ただ、大学に戻って将来どうしたいのかとか、社会人として働いてみてどうだったのかとか、他の部署の先輩たちの噂話とか、そんなことを話しただけだった。そして、ご馳走してくれた。最後は部長は優しい顔をしていたように思う。二時間くらい飲んで、店を出て、駅で部長と別れて、僕はほっとして、部長とじっくり話すのもこれが最後なのかもしれないと思った。自分でも意外だったけれど、少ししんみりとして、なんだか淋しい気持ちになっていた。

20年代から振り返って

負の能力ってどういうこと？

この章で取り上げたいのはネガティブ・ケイパビリティについてです。ネガティブ・ケイパビリティとは、すぐに答えの出ないような不確かな状況に留まり続ける能力のことです。日本では作家で精神科医の帚木蓬生（ははきぎほうせい）先生が紹介されて話題となりました。負の能力と訳されることもあります。

この言葉はイギリスのロマン派の詩人キーツが友人への手紙の中で使い、それを精神分析家のウィルフレッド・ビオンが取り上げて紹介したものです。ビオンはフロイト以後の精神分析の歴史の中でも最も重要な分析家の一人であり、現在も精神分析的な臨床家の多くが影響を受けています。

では、まず、そのキーツの手紙から見ていきましょう。

幾つかの事柄が私の心の中でつながり、そして同時に、特に〈文学〉では、どのような質が〈達成の人〉を形成するようになるのかが浮かんできました。それはシェイクスピアが途方もなく備えていたものです――私が言っているのは、〈ネガティブ・ケイパビリティ〉のことです、つまり、人が事実と理由を性急に追い求めることなく、不確実さ・謎・疑惑の中に留まることができることです。
（クリス・モーソン編、福本修訳『W・R・ビオンの三論文』より一部筆者が改変）

キーツはこのネガティブ・ケイパビリティを文学において創造的な仕事を成し遂げるために重要なものであり、シェイクスピアがそれを備えていたのだとしています。ぱっとよい答えが思いつく能力ではなく、答えが出ない状況に留まる能力が重視されているわけです。

ひょっとしたら、これまで本書を読んできた読者の中には、精神分析はいまいち切れ味が悪いなぁ、と思われた方もいらっしゃるかもしれません。私は本書で、こういう面もあるけれどこういう面もあるとか、このことはまだはっきりとは分からないとか、そうした曖昧とも言えることを書いてきました。絶対こうだから、こう理解したら人生上手くいくよ、という書き方はしてきませんでした。

「精神分析」という言葉の響きからは、人の精神を何でもサクサクと分析して解明してしまう、というイメージがあるかもしれません。実際に私は自分の専門が精神分析だと言ったら、人のこころはそんなに簡単に分析できるものではないんじゃないかと言われたことがあります。

でも、現代の臨床の現場で精神分析的な思考が用いられる場合には、臨床家に求められるのは、何でもすっきり解明してしまうことよりも、このネガティブ・ケイパビリティのような、よく分からない状況の中で持ち応えて生き残ることなのです。

こころの臨床に携わると患者/クライアントさんからさまざまな悩みごとをうかがいますが、それらの多くは「こうすればいいですよ」と簡単にアドバイスできるものではありません。また、そうした現実的なアドバイスが必要であれば、こころの臨床家よりももっとずっと長けた方々がいらっしゃいます。こころの臨床家に求められるのは、目の前の課題に対して、誰にとっても正しい答えをできるだけ早く導き出すことではなく、分からない状態のまま、うーん、困った、とその悩ましい状態から安易に逃げ出さずに悩み続けることなのです。ちょっと変わった表現になってしまいますが、悩みをちゃんと悩む能力と言ってもよいかもしれません。

これはこころの臨床家にとって、あるいはキーツによれば作家にとって、特に必要とされる能力かもしれませんが、すべての人間にとって重要な能力だと言えるでしょう。私が臨床をしていて感じるのは、いかに人間は不確かな状態に耐えることが難しいかということです。

たとえば、それが顕著に見て取れるのは、アルコールなどの薬物依存症の方や、過食嘔吐のある摂食症の方、そして、リストカットを繰り返してしまう方などです。こうした問題に悩まされている方々はこころの中に生じた不安や緊張を一瞬でも早く消さなければいられないかのように、止められているアルコールを摂取したり、多量に食べて吐いてを繰り返したりしてしまっているように見えます。すぐに答えが出ない不確かな状態で悩み続けることは彼らにとってとても困難であるように見えます。そして、恐らく私たちすべてにとっても、それは言うほど簡単なことではないのでしょう。

　さて、冒頭の話に戻ると、私は辞めることを部長にどう言おうか、あるいはその前には仕事を辞めようかといった問題に頭を悩ませ、結局、その状態に耐えられずに、ひたすら「刑事コロンボ」を観るといった行為に耽っているので、当時の私のネガティブ・ケイパビリティも大したものではなかったのでしょう（今もあんまり変わらないかもしれないですが）。

　今の仕事を辞めて大学に戻ったほうがいいのか、それとも、せっかく正社員として就職したのに、それを手放して余計なことをするよりも、もっと今の仕事に真剣に取り組んだほうがいいのか。もちろん、入手できる必要な情報を調べることは大切です。この場合で言えば、どんな大学の大学院で臨床心理士の資格が取れるのか、そこはどのくらいの倍率なのか、受験にはどんな教科が必要なのか、卒後はどんなところに就職する人が多いのかなど、調べたらすぐに分かることは調べたらよいでしょう。

　ただ、そうして必要なことを調べたとしても、結局のところ、どうしたらいいかは分からないことも多いでしょう。重要な問題になればなるほどそうです。私たちはそうしたどうしたらいいか分からない問題に対して、どうにかこうにか持ち応えながら、人生を続けていかなければいけません。そこで必要になるのがネガティブ・ケイパビリティなのです。

　もちろん、私が「刑事コロンボ」を観続けていたように、つかの間、そうした問題を忘れるために何かに没頭することが悪いわけではありません。むしろ、私たちはそうしてほどほどに問題から目を背けて、そして、ほどほどに問題と向き合って、人生の歩みを続けていくのでしょう。そう考えれば、ときに「刑事コロンボ」の世界に逃げ込みつつも、それでも人生の選択をしたり、部長に退職を告げたりをしてこられたので、まぁ、昔の私もぼちぼち何とかやっていたと言えるかもしれません。

どうすればネガティブ・ケイパビリティを育てられる？

精神分析ではすぐに答えが出ない問題にとどまり続けるネガティブ・ケイパビリティが重要だと言われていますが、少し視野を広げて考えてみると、世の中全体としては、どんどんすぐに簡単に答えを出そうとする方向に進んでいると言えるでしょう。

昔と比べて、分からないことは簡単にネットで調べることができます。さらに、以前はネットで検索すること自体にもそれなりの工夫がいりましたが、最近の生成ＡＩではそんな工夫さえ必要ないくらいにそのまま答えを出してくれます。

私は社会の行く末の是非について論じたいわけではありませんので、そのことがよいとか悪いとか言っているのではありません。ただ、このようにすぐに答えを得られる社会においては、私たちは以前にも増してネガティブ・ケイパビリティを育てることが難しくなっていると言えるかもしれません。それだけに現代人は、よく分からない、理解できない状況に置かれたときには、対応ができなくなってしまいます。

それでは、どのようにネガティブ・ケイパビリティを培うことができるのでしょうか？　実はビオンがネガティブ・ケイパビリティについて言及している『注意と解釈』（一九七〇年）などを読んでみても、はっきりとは書いていません。というか、ビオンの書く文章は本当に難しいんです。だから、ひょっとしたら、ビオンはこうしたらいいと書いているのかもしれないけれども、私が読解しきれていないのかもしれません。私の知る範囲では、ビオンと、そしてフランスの精神分析家ラカンの書くものは、さまざまな精神分析の文献の中でも桁違いに難しいのです。彼らの著作を読み続けるためにこそ、ネガティブ・ケイパビリティが必要だという気がしてきます。

ということで、ビオン自身が「こうしたらネガティブ・ケイパビリティが育つよ」と分かりやすい説明をしてくれてはいないので、以下は私なりの理解になります。考えてみたら、ビオンに「どうしたらネガティブ・ケイパビリティが育ちますか」と聞くこと自体が、ネガティブ・ケイパビリティに欠けているので、もしビオンが生きていたら「じっくり自分で考えなさい」と言われてしまうかもしれませんね。

コンテイナー／コンテインド

その説明についても、ビオンの理論を使ってみましょう。ここでも第一章でエディプス・コンプレックスの説明をしたときと同じように、生まれたばかりの赤ちゃんを想像してみてください。赤ちゃんはまだ言葉が分からないので、お腹が空いたとか、おしっこをしちゃったからおむつの中が冷たいとか、部屋が寒いとか、色々な嫌な経験をすると思いますが、それが何なのか分かりません。

言葉を使えないので「お、小腹が減ってきたと思ったら、もうこんな時間か」なんて考えることはできません。

ただ何だかよく分からないけれども、嫌な感じがする。ひょっとしたら、「感じ」でさえないかもしれません。この何だか分からない感覚をビオンはベータ要素と呼んでいます。ベータ要素に満ちた赤ちゃんがどうするかと言えば、ギャーと泣くわけです。すると、運がよいとお母さん、あるいは主たる養育者の方が見つけて、「あら、どうしちゃったのー」となります。

赤ちゃんがこの世の終わりのように泣くと、最初はお母さんも一緒に混乱してしまうかもしれません。「どうしようどうしよう」となります。このようにお母さんが一緒に混乱してしまう状態を、赤ちゃんが自分が経験しているベータ要素を、お母さんの中に投影して、同じような経験をさせていると、この理論では理解をします。実際、赤ちゃんではなくても、混乱している人の話を聞くと、こっちも混乱してくることがありますよね、そうした現象だと思ってください。

ただ、お母さんは、大人なので、赤ちゃんよりもわけの分からない感覚に持ち応えて、それを自分のこころの中で処理する能力を持っています。そのため、最初は「この子すごい顔して泣いてるけどどうしよう！」って思うかもしれないですが、待て待て、ひょっとしたら、そろそろお腹が空いたのかもしれない、あるいはおむつが濡れてないか確認してみよう、などと考えられるかもしれません。

このように混乱した状態を受け取って、自分のこころの中で処理する能力をアルファ機能と呼びます。このお母さんのアルファ機能によって、投影された赤ちゃんのベータ要素は処理されて、もっと理解しやすいアルファ要素になります。そして、お母さんはそれを赤ちゃんに返すのです。「あら、おしっこしちゃったの、冷たくて気持ち悪いねぇ。それじゃおむつ変えましょうねー」というわけです。このように赤ちゃんのこころの中の混乱は、一度お母さんに投影されて、お母さんのこころの中で処理され、再び赤ちゃんの中に戻されていきます。

ビオンはこの繰り返しによって、赤ちゃんのこころの中に次第にわけの分からない混乱を処理する能力が内在化されていくのだと考えました。つまり、お母さんとのやり取りを続ける中で、だんだん赤ちゃんは自分自身で、何だか分からない不快感を、「お腹空いた！」とか、「おしっこしたい！」といったものだと理解して処理していけるようになっています。もちろん、それは言語の獲得と並行して生じるものなのでしょう。

ビオンはこのようなプロセスをコンテイナー／コンテインドという言葉で説明しました。コンテイナーというのは包み込むものといった意味です（ちなみにトラックで運ぶコンテナも同じ言葉ですね）。この場合はお母さん（あるいは主たる養育者）が赤ちゃんの混乱を一時的に引き受ける機能のことを指します。コンテインドのほうは包み込まれる中身のことであり、この場合には赤ちゃんの言葉にできないような混乱した感覚になります。

そして、ビオンはこうしたコンテイナー／コンテインド・モデルは早期の母子関係だけではなく、精神分析臨床の中でも生じているのだと考えました。もちろん、大人の患者さんであれば、ちゃんと言葉が使えますので、ただ泣き叫ぶだけではありませんが、それでも自分では何が起きているのか分からないような、とても混乱した不安や苦痛について、面接室の中で語ります。そんなときにはまとまりのない話になってしまい、面接室の中はベータ要素が氾濫します。それを聴いた精神分析家も混乱して、どうしたらよいか分からなくなってしまうかもしれません。ただ、そこを持ちこたえて、面接室におけるコンテイナーとなり、やがて適切なときに自らのアルファ機能によってベータ要素をアルファ要素に変形させて、それを解釈として患者さんに伝えるのです。こうしたことを何度も何度も繰り返していく中で、やがて患者さんは少しずつ分析家のアルファ機能を自分の中に取り込んでいき、自分のこころの中でベータ要素を保持して、アルファ要素に変形していくことができるようになっていきます。つまり、悩みを自分で悩めるようになっていくのです。

精神分析でどうして人が変わるの？

この理論は精神分析やその他の心理療法がどのように人のこころを変えるかについての、説明のひとつになっています。

よく一般の方に「精神分析的な臨床でどうして人は変わるの？」と質問されることがあります。これはなかなか答えるのが難しい問題です。本当のところは、実際にやっていて変わることがあるから、そして、実証的な研究で症状の改善が起きると証明されているから、多くの場合よい変化があるんじゃないかなと言えるだけかもしれません。今の時点ではこういう理由で変化するのだと完璧に説明することはできないでしょう。もっともこれは精神分析に限らず、どの心理療法でもあまり変わらないと思いますが。

ただ、それでも、完璧なものではないかもしれませんが、いくつかの方向から説明がなされています。

一つ目は、最初にフロイトが考えたように無意識が意識化されて自分の内面をより深く知ることができるようになるからだと言えるかもしれません。

二つ目には、第四章で転移の話が出ましたが、転移が解消されることで、それが現実世界にも広がって、人生を行き詰まらせている繰り返しから解放されるからと言えるかもしれません。第四章でお話したように、とても恐いお父さんに育てられた人が、職場の年上の先輩のことを恐ろしいと思っており、心理療法を進めるうちに、治療者のことも恐ろしいと思うようになったけれども、やがて、「あれ、治療者は別に恐いわけじゃないぞ」と気がつき、だとしたら、お父さんのように恐いと思っていた職場の大多数もそこまで恐いわけじゃないと感じるようになっていく、といったイメージでしょうか。

三つ目には、第三章で取り上げたトラウマの話から言えば、ちゃんと過去にならないようなトラウマ体験が面接室の中で語られ、再体験されることによって、生々しい現在ではなく、普通のつらい過去になるからということもあるかもしれません。

四つ目としては、第六章でお話したように自分の人生の物語を語ることによって、人生に新たな意味が見出されていくからということもできるでしょう。

さらに、五つ目としてこの章で付け加えられるもう一つの説明として、今のコンテイナー／コンテインド・モデルを用いると、精神分析家の考える能力（アルファ機能）を少しずつ内在化させていくためと言えるかもしれません。

「精神分析的な臨床でどうして人が変わるの?」と言われると、これらのどれか一つというよりも、複合的に合わさって影響をするからなのでしょう。もちろん、これらだけではなく、もっともっと他の要素が関係している可能性もあると思います。

人に相談したって解決しないし

　これは私の実感ですが、ある患者さんたちとの心理療法では、最初のうちは現実的に不安で耐えられないことを語り、治療者の言葉の具体的な中身、「どうしてこうなっていて、どうしたらいいの？」という部分を必要としているようにみえる状態が続きます。しかし、次第に治療者からの言葉を、言わば答えのように待つよりも、治療者と一緒にいる空間の中で、自分で考えるようになっていきます。そうなると、治療者は自分が何らかの理解を伝えるというよりも、ただその場にいて、患者さんが考える場として、その時間を提供するといった状態になっていきます。

　別に心理療法に限らずとも、さまざまな相談事において同じようなプロセスが生じるのかもしれません。たとえば、仕事上での先輩・上司に対する相談は、最初のうちは相手の知っている知識や経験をもとにやり方を教わるというニュアンスが強いかもしれません。でも、こちらも経験を積んでいくと、次第に聞いてもらって自分の中にあった問題を明確にしたり、一緒に考えてもらったりするだけになっていったりするのではないでしょうか。

　このように誰かに一緒に悩んでもらえる経験によって、人は自分の悩む能力、つまりネガティブ・ケイパビリティを養っていくことができるのだろうと考えられます。

　よく「人に相談したって解決しないし」と言われる方がいらっしゃいます。確かにそういう面もあるかもしれません。問題によっては人に相談したって、どうにもならないこともあります。ただ、そうおっしゃる方が気がついていないのは、誰かに相談する目的は、必ずしも具体的な解決策を教えてもらうためだけではないことです。人は誰かに相談することで、自分一人では抱えていくことが困難な問題を、一時的に一緒に抱えてもらい、一緒に悩んでもらい、その経験によって、自分自身がその悩みを悩めるようになっていくことがあるのです。

ということで、どうやったらネガティブ・ケイパビリティを養うことができるのでしょうかという疑問に対して、今のところ私から言えるのは、誰かに話をすることが役に立つかもしれないことです。

これは別に専門家ではなくてもよいかもしれません。また、その直面した問題に対して、相手が特に詳しくなくてもよいかもしれません。なぜなら、それは悩みを解決してもらうためのものではなく、悩みを一緒に抱えてもらうためのものだからです。自分自身が抱えきれなくなっている、悩み切れなくなっている問題に対して、ちゃんと関心を持って聞いてくれる相手であるかどうかが重要なのでしょう。もちろん、そうした相手が身近にいない場合には、心理療法家の出番となるのかもしれません。

今なら退職代行サービスを使えた？

結局、私は何とか勇気を振り絞って部長に辞めることを伝えられました。もう自分が何を喋ったか覚えてないくらいに緊張していたみたいですが。

ところで、この前昔のバイト先の社長から聞いたことなのですが、最近は職場を辞めると言うのを代わってもらう退職代行サービスがあるのですね。その社長はいきなり新入社員が来なくなって、代行サービス会社から電話がかかってきて、「◎◎さんは退職をします」と伝えられて驚いたとおっしゃっていました。弁護士事務所などがやっているようです。

もちろん、世の中には本当にブラックな会社がありますし、私自身も短期バイトでひどいところに行ったことがあります。また、患者さんたちから「そんなひどい会社が現実にあるのか！」と驚くような話を聞いたこともあります。そうした、理屈が通じないことをしているところに対しては、なかなか一人では太刀打ちができないため、そのような代行サービスを使うことが、理不尽に搾取される状況を長引かせないために役立つでしょう。

一方、その社長のところで、私は何年も働いていたので、話の分からない人ではないことを知っています（ちなみにその社長は次章で登場します）。そのため、「何で直接言ってくれないんだろうねぇ」と語る社長を見ていると、確かにそうだなぁという気がしました。ひょっとしたら、辞めたいなんて言ったら、何を言われるか分からない、という不安に耐えられなかったのかもしれません。でも、その不安を超えて誰かに打ち明けることも、人生の中で貴重な経験なのだろうと思うのです。もちろん、だから代行サービスを絶対に使うなと言っているわけではないですし、全く話の通じないブラック企業があるのも確かですが、私自身に限って言えば、怯えながらも、自分で部長に言ってよかったと思っています。もちろん、当時は代行サービスなんてなかったので、自分で言うしかなかったんですけれども。

部長とのその後

私は、今になって振り返って、あのとき部長が飲みに誘ってくれたことに、とても感謝をしています。当時は帰り道にちょっと淋しかったくらいでしたが、三年後、五年後、一〇年後、時間を重ねるにつれて、思い出すたびに、飲みに行こうと声をかけてくれた部長への感謝の気持ちは深まっていきました。

あのときの私は大学に受かり、辞めると伝えることができて、退職の手続きも進んでいき、ほっとして、それ以上には何も考えられなかったのでしょう。ただ、今になって考えてみると、私よりもむしろ部長のほうが色々な思いがあったのかもしれません。働き始めたばかりの頃には、教える側にとって新人を教えるのがとても労力を使うことや、教える側も新人にとても気を遣って苦労していることなどは、まったく頭に浮かばなかったりするものです。

もちろん、それは当然で、このことは親子関係において多くの場合、子どもは小さい頃には「うちの親も子育てが大変そうだな」と心配したりしないのと同じです。

ただ、だんだん自分にも後輩や部下ができてくると、新人に色々と教えなければならないことは、相当労力を使うのだと分かってきます。実際に費やす時間的な負担もありますし、それだけではなく、上司や先輩として部下や後輩を任されると、多かれ少なかれこんなふうになってもらいたいという期待を抱くものです。その期待を裏切られてガッカリしたり、自分の若い頃と比べてどうしてこんなこともできないんだろうと憤ったり、逆に予想外に理解が早くって頼りにできそうだと喜んだり、色々と感情を大きく動かされているものなのです。もちろん、そうじゃない方もいるとは思いますけれども。

そのため、そうしてさまざまに期待をしたり、それを裏切られたり、仕事に対する無理解に苛立ったり、あるいは成長を喜んだりした人が、そこを辞めたいということは、そのことが当人にとってよいか悪いかはさておき、上司や先輩側にとっては単に業務上の負担増以上にショックな経験なのでしょう。職場の役に立ってくれると思うからこそ、苦労をして熱心に教えてきたことが、チャラにされてしまったと感じるかもしれません。あるいは、自分が熱心に教えてきた仕事はすべて意味がないと判断されたかのように感じるかもしれません。

また、私の場合はこっそり受験していたので、騙していたと言えば騙していたので、腹が立って当然かもしれないです。自分が熱心に教えている間に、こいつはこっそりとここを辞める算段をしていたのかと。ひょっとしたら、自分が仕事のやりがいや面白さを伝えられなかったから、辞められてしまったのかもしれないといった後悔の念に駆られるかもしれません。逆に、まったく堪え性のない、根性のない若者だ、そんなことではどこに行っても通用しない、と憤るかもしれません。

そんなこんなを考えると、もうそんなやつの顔は見たくないと思ってもおかしくはないですし、辞めるまでできるだけ関わらないようにしようなんて思われたって、仕方ないような気もしてきます。

しかし、部長はそうした複雑な思いがこころの中にはあったろうに、何事もないような顔をして、私を飲みに誘って、辞めることを怒るでもなく、人生についてのお説教をするわけでもなく、ただ一緒にお酒を飲んで、最後には優しい顔をして、駅で私と別れたのです。私は、部長は私とちゃんと向き合ってひとりの人間として接してくれていたのだろうと思います。ひとりの人間同士として、お別れをするために、飲みに誘ってくれたのだろうと思います。私は怒られるのかなと不安で恐がって飲みに行っただけでしたが、部長の中にはもっと色々な思いがあったのでしょう。しかし、当時の私にはそのことは想像もつかなかった。自分が仕事を辞めることが精一杯でそれ以外のことを考えられない私のこころは、このとき部長のこころによって支えられていたのでしょう。最初に会ったときにはいきなり怒鳴られてしまいましたが、部長のほうが私よりもずっとネガティブ・ケイパビリティがある人だったに違いありません。

会社を退職したのち、私は毎年部長に年賀状を書き、近況を伝えていました。部長は出身である関西の支社に戻り、しばらくして定年退職をされました。やりとりは「年賀状仕舞いをします」という連絡が来るまで、二〇年近くに及びました。最後に部長が飲みに誘ってくれたからこそ、その後に長い間にわたって交流が続いたのでしょう。関西弁で恐くてカッとしやすい人でしたが、本当は懐が深い人だったのだと、今となっては思っています。

さらに知りたい方のために

ネガティブ・ケイパビリティについてもっと知りたい方は、やはり、まず**帚木蓬生先生**の本を読まれるとよいでしょう。『**ネガティブ・ケイパビリティ　答えの出ない事態に耐える力**』（**朝日選書**）という著作で一冊まるごとネガティブ・ケイパビリティについて解説してくれています。

第八章　愛することと働くこと……フロイトの言葉を考える

00年代のある日

仕事ってどんなとき楽しいの？

中腰で重いものを持ち上げるのはなかなか腰がつらい。僕は二トントラックの荷台に乗ったコンテナの中で、ぱんぱんに教科書が詰まった段ボール箱をふんっと気合で持ち上げて、積み上げられた段ボールの山の一番上に押し込む。だんだん暑くなってきた。上着を脱ぎながら、段ボールの積み具合を確認して、トラックの外にいるもう一人のアルバイトに呼びかける。

「角のところにもう一個、小さい段ボールなら入りそう。何かいいのない？」

返事がすぐに帰ってこないので、聞こえなかったかと、トラックの荷台から顔を出す。もう一人のアルバイトは社員さんと何か話している。二人はトラックから覗いている僕に気がつく。

「コバ、ちょっと待って、緊急事態」

社員さんが口を開く。時間は夜の八時を過ぎている。僕はトラックを降りて二人のところまで駆けていく。一日中働いて全身から疲れが染み出るようだ。緊急事態？

「何があったんですか？」

「すまん、もう一冊、教材が追加で注文されてるのが抜けてた」

このとき僕は教科書を学校に搬入する代理店で働いていた。会社を辞めて大学に戻り、もう親に出してもらうわけにはいかないので、学費を奨学金と社会人時代のボーナス、そしてアルバイトで賄っていた。教科書搬入のアルバイトの繁忙期は大学の授業が休みの三月であり、この時期に集中して毎日働けて一気に稼げるのでちょうどいい。去年に続いて今年も働かせてもらっていた。

「あ、それじゃ、段ボールから出して組み直さなきゃいけないですね。トラックに乗せたのも下ろしますか?」

教科書や教材は、種類ごとにバラバラに搬入すればよいところもあるが、生徒一人分をセットにしてまとめて搬入するところもある。今、トラックに積んでいた地区の公立学校の教科書はセット組みされたものだった。社員さんは眉を顰める。

「それが、注文もしてなかったんだよね」

「え、現物がない? 明日の午前中から行くんですよね」

「困った」

社員さんは腕を組む。もう一人のアルバイトも神妙な顔をしている。確かに困った。明日の朝イチで教科書流通所に行って取ってきたとしても、何校分もあるので、とてもセット組みをし直すことはできない。

「その教材、他の学校で使ったりしてないんですか?」

「そう、私立で何校か使ってるところがあって、その分はあるんだけど、それだけじゃ、足りないんだな」

なるほど、まったくないわけではない。僕は首にかけていたタオルで汗を拭きながら考える。社員さんやもう一人のアルバイトも考え込んでいる。とりあえず、ある分だけ組んじゃって搬入して、残りは明日の午前中に組んで、持っていったり。いや、でも、それだと外に出て配るチームと会社に残って組むチームが必要で、人数も車も足りないぞ。うーん、煮詰まった。何かよい手はないか。ちょっと待って、この区って去年回ったときは……。

「この区って、段ボールごと搬入の学校と、理科室とかの机の上に箱から出して積む学校がありましたよね」

「あぁ、そうだよ」

「それじゃ、とりあえず、今ある私立のやつを段ボールごと搬入する学校の分で使っちゃって、箱から出して並べる学校のほうは、行きがけに教科書流通所から受け取って、現地でその場で並べるときに挟み込むかたちにするのはどうでしょう？」

僕は、どうかなと社員さんの顔をうかがう。社員さんはちょっと首をかしげながら考えている。

「そうだな、そうするか。ちょっと待て、上に行って、冊数が足りるか数えてくる。段ボールごと搬入したのは、二校分だったよな」

よし、いけるかも、何とか冊数が足りればいいけれども。社員さんは小走りで二階の事務所に上がっていった。僕はもう一人のアルバイトと顔を見合わせる。

「とりあえず、トラックに積んだやつ、下ろしとこうか」

結局、私立校のために注文していた冊数でぎりぎり段ボールごと納入の学校の分は足りることが分かった。僕ともう一人のアルバイトは箱ごと納入の学校分を一冊足してセットし直す作業を始めていた。

教科書を何冊も束にしてセットするためにこの会社では、「かんぴょう」と呼んでいる、他では見たことがないようなぶっとい輪ゴムを使っていた。

広げるだけでもすごい力のいるぶっとい輪ゴムで何冊もの教科書をまとめる作業は一人では難しい。一人が両手で「かんぴょう」を広げ、もう一人がその中に教科書の束を突っ込んで、輪ゴムを開いたほうが指をさっと抜くという共同作業になる。これは言わば餅つきみたいなもので、二人のコンビネーションが上手く合わないとテンポよく進まない。「かんぴょう」を広げるのには、それなりのコツと握力が必要であり、上手に大きく広げられない人もいる。逆に「かんぴょう」を広げて教科書を受けるのが異常に上手い「かんぴょう職人」と呼ばれる人もいたりする。

二人のテンポがずれると上手くいかないけれども、慣れてくると、相手よりもほんの少しだけ早く作業をすると、相手のほうもついては来られるけれども大変という状態になり、そして、向こうは向こうで負けてなるものかと逆にスピードを上げてきたりして、そんなちょっとした駆け引きも面白かったりする。そんなことを面白がっているのは僕だけかもしれないが。

「あぁ、もう、ちょっとコバさん、早い早い、油断するとすぐにまいてくるんだからなぁ」

もう一人のアルバイトが苦笑しながら言う。僕はケラケラ笑う。

「またコバが何かしてるの?」

気がつくと社長が上の階から下りてきている。前の会社の社長は入社式と新入社員歓迎会で見かけただけで、ほとんど話したことはなかったが、ここの社長は気軽にアルバイトの話の中に入ってくる。

「遅くまで悪いねぇ。どう、終わりそう？」

僕ともう一人のアルバイトは手を止める。

「あとは今やっている学校を仕上げたら、トラックに積むだけなんで」

「それじゃ、手伝おうかな。何したらいい？」

「じゃ、ここの教科書の山はもうセットし終わってるので、段ボールに詰め直してもらえますか？」

「OK」

気軽に話してくれるどころか、一緒に作業をしてくれる。というか、アルバイトの僕が社長に指示していいのだろうか。社長は小柄な体でしゃがみ込んで、山積みにされた教科書を段ボールに詰め始める。さすがにこの仕事が長いだけにすごく手際がいい。僕ともう一人のアルバイトは「かんぴょう」止めの作業を再開させる。詰めた段ボールをガムテープで閉めながら社長が言う。

「今日は大変だったね。終わったら、焼肉食べに行く？」

社長に連れて行ってもらったら、当然ご馳走してもらえる。

「え？　上カルビばっかり頼んじゃいますよ」

「まったく、そんなことばっかり。少しは遠慮というものを知りな」

社長は笑って言う。社長に手伝ってもらって、ペースもさらに早くなった。この分だと、一〇時過ぎには終わるだろうか。あとは、明日の午前中に学校で箱から出して積み上げるときに手間取らずに一冊分を差し込めるかどうかだ。もう一冊あると聞いたときにはどうなるかと思ったけれども、何とかなりそうだ。

僕はふと、

「なかなか楽しいな」

と思う。そして、「仕事って案外楽しいだろ」と言っていた主任のことを思い出す。あのときの僕は仕事が楽しいとはまったく思っていなかった。

何がどう違うのかは分からないけれども、こうしてあれこれ考えながら、体力もめいっぱい使って働いていることが楽しい。主任もこんな気持ちだったのだろうか。

「ほら、コバさん、遅いよ、かんぴょうちゃんと広げて」

もう一人のアルバイトがニヤリと笑ってこちらを見ている。ちょっと気が逸れたと思ったら、今度はこっちがさっきの仕返しされてる！

20年代から振り返って

どうして楽しい仕事と楽しくない仕事があるの？

私は最初の会社では正直なところ働いていていて楽しいとは思えませんでした。それなのにアルバイトの教科書運びで残業していいて楽しいと感じたのはどうしてでしょうか。

これを読まれている方々の中にも、たとえば、ある仕事のときは楽しいと感じられたのに、別の仕事に変わったら少しもそうは思えなくなった経験をされた方もいらっしゃるでしょう。そこにはどんな違いがあるのでしょうか？　どんなとき仕事は楽しいと思えるのでしょうか？

私のケースをもとに具体的に考えてみましょう。前の仕事と比べて楽しいと感じた理由についていくつかの仮説を立ててみます。

①実は身体を動かす仕事のほうが向いていた

その仕事の内容が自分に合っているかどうかです。なるほど、そういう可能性もあるでしょう。確かに営業はあんまり私には向いていなかったかもしれません。自分に合った仕事を探すのは大切です。でも、この教科書運びの仕事のほかにも肉体労働のアルバイトをしたことがありますが、そちらは楽しかったわけではないので、私の場合、単に身体を動かせたらよいだけでもなさそうです。

②社長や社員の方が気さくに仲良く接してくれた

職場の対人関係がよかったからということです。これも確かにありそうです。先述の通り、私は現在休職者を対象にした復職支援デイケアに関わっていますが、患者さんたちのお話をうかがうと、心地よい人間関係の中で働けることが、その人が精神的に不調に陥らないために、いかに重要であるかを痛感します。ただ、その職場の人間関係が自分に合うかどうかは働き始めてみないと分からないので、職場選びの基準にするには難しいところですが。

③前の会社では自分がやっていることを実感できなかった

これは少し説明が必要でしょう。最初の会社はそれなりに大きなところでしたので、その大きな業務の流れの一部分を担っている感じでした。そして、新入社員にとってはその業務の全体像を実感を持って把握するのは難しいことでした。一方、教科書の会社は小規模で、学校から依頼が来て、それを教科書供給所に注文し、商品が納入されて、それを仕分けし箱詰めして、トラックで運んで、実際に学校に搬入するまでの、一連の流れを感じることができました。学校によっては直接私たちが生徒に手渡しするところもあり、本当に末端のユーザーまで関わることができたのです。

私たちは、仕事の全体像が見えず、自分のしていることが何の意味があるのか分からずに、ただ歯車のひとつとして目の前の作業を続けているだけでは、なかなか働く喜びを感じることができないのかもしれません。自分の行動がどこにどんなふうに影響して効果をもたらすのかを実感できることが充実感につながるのでしょう。

もっと他にも教科書のアルバイトが楽しかった理由はあるかもしれませんが、とりあえず、この三つ目の話をもう少し深めていきましょう。

子どもの頃は楽しかった

さて、自分の子どもの頃のこと、あるいは身近なお子さんのことを想像してみてください。多くの子どもは、たとえばただボタンを押したら音がしただけで、なぜか勝ち誇ったように大喜びです。大人からしたら、押したら音が出るようにできているのだから、そりゃ、押したら音が出るだろうということかもしれません。でも、子どもからしたら、押して音が出るだけで楽しくて仕方ないのです。

思い返せば、私も子どもの頃、バスの停車ボタンをどちらが押すかで姉と血みどろの争いをしたことがありました（血みどろは言い過ぎでした）。これも自分がボタンを押したら、「とまります」のランプがついて、実際に怪獣のように巨大なバスが、自分の言う通りに停まってくれることが、姉と争ってでもしたいほど、この上なく楽しいことだったのです。

これは自分が能動的に行動することで、周りに影響を与え、世界の状況を変えていけると感じられることが、人間にとっていかに喜びであるかを表しているのでしょう。

フロイトの「快原理の彼岸」（一九二〇年）という論文には子どもの遊びについての有名な話があります。フロイトの孫のエルンストだろうと言われているその男の子は、普段は聞き分けがよかったのですが、手にするものを何でも遠くに放り投げてしまう困った癖がありました。今でもそういう子いますよね。あるときその子はひものついた木製の糸巻きを放り投げ、それから、ひもを引っ張って、糸巻きが再び現れると喜んで、そしてまたひもを放り投げることを繰り返していました。それを見たフロイトはこの遊びは消失と再来の象徴的な遊びであり、母親が目の前からいなくなるという苦痛な体験を、遊びの中で繰り返すことで乗り越えようとする試みなのだと解釈しました。

子どもの遊びがその子にとっての苦痛な体験を乗り越えるための試みとなることは現在でも指摘されていて、ポスト・トラウマティック・プレイと呼ばれています。たとえば、東日本大震災のときに、避難所で被災をした子どもが地震ごっこや津波ごっこをしていたといった話などがそれにあたります。

さて、私はこのエルンスト坊やの遊びに対するフロイトの解釈は間違っているとまでは思っていないのですが、ひょっとしたら、もっとシンプルなことかもしれないとも思うのです。エルンスト坊やは、自分が投げることで糸巻きがなくなり、糸を引っ張ることでそれが再び戻ってくることを、つまり、自らが能動的に動くことで世界に影響を与えられるという経験自体を、楽しんでいたのかもしれないということです。

もちろん、大人になれば、ボタンを押したらバスが停まるだけでは、糸を引っ張ったら糸巻きが戻ってくるだけでは、そんなに喜ぶことはできません。私も今姉と一緒にバスに乗ったとして、姉がどうしてもボタンを押したいと言ったら、その役割を喜んで譲り渡すでしょう。

それは、停車ボタンを押したら、「とまります」が光って、次の駅でバスが停まるのを当たり前のことだと思っているからです。そのことが自らの主体性や能動性によって世界を変えたこととして感じられないのです。

それじゃ、大人になったら、そういう喜びはまったく味わえないのかと言えば、必ずしもそうとは限りません。大人になってからも、これまでに経験したことがないことをすれば、子どもの頃のような驚きと喜びを感じる瞬間があるでしょう。

もちろん人それぞれ経験の仕方は違うと思いますが、私が思い出すのはたとえば初めて車を運転したときです。この大きな鉄の塊である車を自分が運転して動かしている、自分なんかが運転しちゃっている！という感覚は、事故を起こしたらどうしようという不安を伴いながらも、大きな喜びをもたらすものでした。

あるいは、初めて音楽スタジオでマーシャルのアンプにエレキギターをつないで、深く歪んだギャイーンという音を出したときです。ちょっと弾いただけで、こんなに大きな音が出るなんて、少しでも間違えたら、周りの人にバレバレじゃないか！という不安を伴いながらも、自分がこんな迫力のある音を出しているという満足感が体中を駆け巡ったものでした。

このように人はもともと、自分が能動的に行動をすることによって周りの世界に影響を与えられることに、喜びを感じるのだと言えるでしょう。

もちろん、仕事においても、何のためにするのか分からないことを、ただやれと言われたから行うよりも、自分が主体的にこうすればこうなるだろうかと考えて能動的に行い、そのことで状況が変化するのを実感するほうが、より大きな喜びを見出すことができるのでしょう。

創造性は日常に溢れている

こうした自分が主体的に行動して周囲に影響を与える喜びは、創造性の感覚につながっていると考えられます。つまり、世界を創り出していく喜びなのです。

いやいや、大げさなって思うかもしれません。子どもがボタンを押したらバスがとまったと喜んでいることのどこが創造なんだよと。

しかし、ビオンと並んでフロイト以後に最も重要視されている精神分析家の一人ドナルド・ウィニコットは創造性という言葉を芸術家などの賞賛されるような創作物だけに使うのではなく、もっと人間の外的現実に対する全体的な態度として使うことを提唱しています。ウィニコットの提案に従えば、創造性は、高尚な限られた人たちだけのものではなく、私たちの日常生活における世界との関わりの中に見出せるものなのです。ウィニコット本人の言葉を引用してみましょう。

> 創造的衝動は（中略）もちろん芸術家が芸術作品を生み出そうとするときに必要な何かであるとともに、すべての人たちが――赤ちゃんから、子ども、青年、成人、高齢の男女にいたるまで――健康なやりかたで物事を見るときや、意図的に物事をするとき、たとえば排泄物をいじるときや、音楽的な響きを楽しもうとして泣く行為を引き延ばすときなどにも存在している何かである。それは、呼吸すること自体を楽しんでいる知的に遅れのある子どもが刻々と生きているなかにも、あるいは、建築家が自分の建てたいものは何なのかを突然知り、自分の創造的衝動が形をとって世界が目にするものになるために実際に使える材料について考えているときのインスピレーションのなかにも、同じように存在しているのである。
> （D・W・ウィニコット「創造性とその諸起源」橋本雅雄・大矢泰士訳『改訳　遊ぶことと現実』岩崎学術出版社より）

私は、人は主体的・能動的に行動して世界を変えることで喜びを感じられると書きましたが、そこで生じているのはウィニコットに従えば、創造の喜びだと言えるでしょう。たとえば小さな子どもが何かのおもちゃのボタンを押したら、ドアがボンと開いたとします。そのとき子どもは目を丸くして、鼻を膨らませて、キャハキャハと叫びながら、ドアを閉めて、もう一度ボタンを押して、また閉めて、またボタンを押して、を繰り返すかもしれません。大人からしたら、何を当たり前のことをハイテンションでやっているんだと思うかもしれないですが、そのときに子どもが感じているのは、押したら開くという新たな事実の大発見であり、それは自らが探求して行った創造の結果なのです。ウィニコットの引用を続けましょう。

人生は生きる価値があると個人に感じさせてくれるのは、他の何にもまして、創造的な統覚(creative apperception)である。これと対照的なのが、追従(compliance)という外的現実への関係性であって、そこでは世界とその細部がただ合わせるべきもの、また適応を要求してくるものとしてしか認識されない。追従は、個人にとっての不毛感を伴っていて、どうでもいい、人生は生きるに値しない、といった考えと結びついている。

(D・W・ウィニコット、橋本雅雄・大矢泰士訳『改訳　遊ぶことと現実』岩崎学術出版社より)

このウィニコットの主張を仕事に当てはめて考えてみましょう。とすると、仕事にやりがいや喜びを感じさせてくれるのは、他の何にもまして創造の感覚ではないでしょうか。

　私の例に戻れば、おそらく私は山ほどある段ボールをどのように積んだら二トントラックに無理なく積み込めるかを思いついたとき、あるいは明日渡さなければいけない一冊忘れていた教材をどうすればいいか思いついたとき、大げさに聞こえてしまうかもしれないけれども、創造の感覚を味わっていたのでしょう。一方、最初の会社で働いていたときに楽しいと思えなかったのは、私がまさにウィニコットのいう追従をしているだけだったからであり、それは生き生きとした喜びとは結びつかなかったのだろうと思います。

　第四章で、以前はプライベートな時間を一秒でも仕事に使いたくないと思っていたけれども、心理の仕事を選んでからは休日に研修を受けることが嫌ではなかったと書きました。もちろん、休日は休むための時間なので、のんびりしたらよいと思いますが、当時の私がかなり極端に休日に絶対に仕事のことをしたくないと思っていたのは、仕事に対してこの追従の感覚が強かったためかもしれません。

どうしてこの仕事をしているのか

　さて、私が教科書のアルバイトが楽しいと感じたのはどうしてかについて考えてきました。そこには、仕事の内容がその人に合うか合わないかも関係しているかもしれないし、職場での対人関係もあるでしょうし、主体的に創造の感覚を持って取り組んでいたかどうかも関わっているかもしれません。

ただ、最後の創造の感覚については、どうして前の会社では感じられず、その後のアルバイトでは感じられたのかを、まだ完全に説明することができていないかもしれません。

さきほどは会社の規模が小さいので目の前の仕事が業務全体のどの部分に当たるのかを感じられたことを指摘しました。確かにそれも影響しているかもしれません。しかしそれだけなら、「大きな会社よりも小さな会社のほうがやりがいがあるってこと?」となりますが、そんなに単純な話ではないでしょう。

もしそうであるなら、最初の会社で同じ仕事なのに主任は楽しめて私が楽しめなかった理由は説明できません。

また、教科書のアルバイトにしたって、私は楽しいと感じる瞬間がありましたが、体力がきつい、残業が多いなどと言って辞めてしまう人もいました。では、やりがいや楽しさを感じられた私と、そうではなかった方の違いは何だったのでしょうか。

やはり、何に対して創造の感覚を持って取り組めるかは、人によってさまざまなのです。この点をもう少し考えてみましょう。

ここで振り返りたいのが、第六章でお話しした人生の物語のことです。過去の自分と未来の自分とのつながりのことです。医療機器の会社で働いていた私と、教科書の代理店で働いていた私の違いを考えると、最初の会社では、私はただ大学を卒業する年齢になったので、世の中では働くものだと言われているので、入れた会社に入って働いているという感覚でした。一方、教科書の会社でアルバイトをしているときには、自分は大学で心理学を勉強したいから、その学費を稼ぐために働くのだとはっきりと働く理由を持っていました。大げさに言えば、今の仕事が自分の人生にとってどんな意味があるかを感じながら働いていました。

「僕は営業の仕事は上手くできなかったけれど、心理学を勉強すると決めたから、頑張ってこの教科書を運ぶ必要があるんだ」

と感じて働いていたのです。

振り返ってみれば、この違いはとても大きいように思います。同じような大変な仕事だったとしても、目的意識を持って自分から主体的に取り組んでいる場合と、そうではなく、何となくやらされている気持ちでやっている場合では、大きな違いがあるのでしょう。

自分がどんな経過を辿って今ここにいて、これからどのようにしていきたいのか。そしてそのことが目の前にある仕事とどのように関係しているのか。そうしたことが意識されることによって、目の前の仕事に対する関わり方も変わってくるのでしょう。

前にトラウマの章で強制収容所を経験した精神科医フランクルのお話をしました。強制収容所と私たちの普段の仕事を一緒くたに論じてしまうのは極端かもしれませんが、フランクルは『夜と霧』(一九四六年)でこんなことを書いています。

> 収容所生活が被収容者にもたらす精神病理学的症状に心理療法や精神衛生の立場から対処するには、強制収容所にいる人間に、そこが強制収容所であってもなお、なんとか未来に、未来の目的にふたたび目を向けさせることに意を用い、精神的に励ますことが有力な手立てとなる。被収容者の中には、本能的にそうした者たちもいた。その人たちは、おおむねよりどころとなるものをもっていた。そこにはたいてい、未来のなにがしかがかかわっていた。
>
> (ヴィクトール・E・フランクル、池田香代子訳『夜と霧 新版』みすず書房)

自分自身の人生と向き合って目的を持って目の前の作業を行うことの重要性は、強制収容所だけではなく、日々の私たちの仕事についても言えることなのでしょう。おそらく、最初に就職したときの私にはそうした意識はなかったのかもしれません。

私は、この年になってようやく、もしあのタイミングではなく、もっと違った時期に、もっと違った状況で、あのときの仕事に出会ったとしたら、私も主任のように仕事を面白いと思えた可能性もあったのだろうと思うようになりました。仕事の内容の合う合わないももちろんありますが、それだけではなく、そこに向き合う私のこころの状態が、あのときには少しも働く準備ができていなかったのです。逆に、現在私が携わっている心理士の仕事についても、ひょっとしたら、もっと違った経緯で不十分な準備のままたどり着いたとしたら、関心を持って取り組めなかったのかもしれません。

愛することと働くこと

さて、仕事にまつわる話から精神分析的な概念を解説してきた本書も、終わりに近づいてきました。本書は「はじめに」で書いたように岩崎学術出版社の鈴木さんから「社会人のための精神分析の本を」というお話をいただいて書き始めました。そのときに鈴木さんはフロイトが人生では「愛することと働くこと」が重要だと言っていたお話をされていました。

私もそれは聞いたことがありました。どうやらフロイトは人生において「愛することと働くこと」が大切だと言っていたらしい。

しかし、私はその話を初めて聞いたときには、随分説教臭いことを言うものだなぁと思ったのでした。正直、フロイトはたまにお説教臭いことを言う人なのですが。

皆さんはどう思われるでしょうか？　それじゃ、定職に就いていなくって、家庭もなければ彼氏/彼女もいないような人は、生きている意味がないってことなのかと。

「ちゃんと仕事して家庭を持って一人前」みたいな発想はだんだん古い価値観になってきている気がしますし、一昔前だったら逆に当たり前だったでしょうから、わざわざフロイトが言わなくってもいいんじゃないかと思ってしまいます。それじゃ、どうしてフロイトは、そんな冠婚葬祭で酔っ払って絡んでくる親戚のおじさんみたいなことを言ったんでしょう？

しかし、フロイトがそう言ったという話は聞いたことがありますが、私は実際にそう書いているのを読んだ記憶はありません。もちろん私の勉強不足もあるかもしれませんが、少なくともよく知られている代表的な論文の中では言っていない気がします。あれ、それではどこで言っていたんでしょう？

気になって調べて分かったのは、フロイトがそう言っていたという人はいるけれども、実際に記録として残ってはいないらしいことです。エリクソンというアイデンティティやライフサイクルの研究で知られる精神分析家が『幼児期と社会』（一九六三年）の中でこう書いていました。

> フロイトはある時、正常な人間にできなくてはならないことは何だろうか、と問われたことがある。質問した人はおそらく複雑な答を期待していたに違いない。ところが、フロイトは晩年に顕著なそっけない口調で「Lieben und arbeiten」（愛することと、働くこと）と答えたと伝えられている。
>
> （エリク・H・エリクソン、仁科弥生訳『幼児期と社会』みすず書房）

あれ、エリクソンは「伝えられている」と書いていますね。ということは、これは言い伝えですね。実際にフロイトが言っていたかどうかは分からないけれども、それが人々の間で広まっていった。

どうもフロイトは言ってないことを言ったと言われてしまうタイプのようなんです。そう言えば以前、知り合いの心理士さんから、ロンドンのフロイトミュージアムの公式ホームページに「間違ってフロイトのものとされてしまった一〇の名言」というコーナーがあることを教えてもらいました。その中に「心は氷山のようなものだ。その体積の七分の一が水面上に浮かんでいる」という私もどこかで聞いたことがある気がするもっともらしい言葉から、「猫と過ごす時間は決して無駄ではない」という、どうしてそれをフロイトが言ったことになっているのか分からないような言葉まであって、なかなか面白いので、英語のサイトですが関心がある方は検索してみてください。

ただ、その中にも「愛することと、働くこと」は入っていませんでした。入ってないということは、実際に言った可能性もあるのかもしれません。読者の皆さんの中でこの文献にフロイトが言った記録が残っているよという情報をお持ちの方はぜひ私にご一報いただけたら幸いです。

フロイトが本当に言いたかったのは

文献からはこれ以上分からないので、推測になりますが、ここからは自分で考えてみましょう。

「正常な人間にできなくてはならないことは」と聞かれて、「愛すること」というのは、私もいかにもフロイトが答えそうなことだと思います。本書では取り上げませんでしたが、フロイトは精神性的発達理論と呼ばれる、言わば人間の愛情の発達の理論を作り上げた人でもあるからです。

ほら、口唇期、肛門期、男根期とか、聞いたことはないでしょうか。精神分析が専門の人以外からは、けっこう評判が悪かったりするんですが。

でも、私個人としては、たとえば、アラレちゃんやまことちゃん、クレヨンしんちゃんを例に出すまでもなく、子どもってなぜか「うんち」が大好きじゃないですか。どうして子どもが「うんち」が大好きなのかをこれほど大真面目に説明できるのは、フロイトの肛門期の理論以上にないんじゃないかと思っています。それだけですごい理論です。でも、本題から逸れるので肛門期の話は置いておきましょう。

さて、それじゃ、「働くこと」のほうはどうでしょうか。フロイトは、たとえばカール・マルクスやハンナ・アーレントのように、労働の問題を中心に論じてきた人ではありません。その意味で、愛することだけではなく、働くこともそうなんだ、と少し不思議に思います。もちろん、膨大な著作があり、さまざまな議論をしてきたフロイトですから、まったく労働の話をしていないわけではありませんが。

そして、当時のフロイトの臨床を考えてみましょう。彼は週に六回の精神分析を行っていました。いわゆる労働者階級の人にはそんな時間的・金銭的な余裕はありません。患者さんは富裕層が多かったんです。また、精神分析が広まっていくと、世界中からフロイトの教えを乞いにさまざまな人が訪れるようになります。わざわざ海外に行ってまで精神分析を受けようとするわけですから、さらにお金持ちが多かったのでしょう。つまり、今私たちが想像するような誰かに雇われたり、どこかに通ったりする労働をする必要がない人たちです。働かなくてもいい人たちもいたでしょう。羨ましい限りですが。

そうだとすると、もしフロイトが正常な人間にできなくてはならないのは「愛することと働くこと」だと言ったとしたら、そもそも働かなくても生きていける彼らのことをどう思っていたんでしょう？　こいつらは働かないから駄目なんだと思っていた？　それではあんまりな話です。そうなってくると、本当にフロイトは「愛することと働くこと」だと言ったのだろうかという気になってきます。これも本当は言っていないのかもしれません。

もう少し考えてみましょう。先ほどのエリクソンの引用によれば、フロイトが言ったとされるのは、arbeitenというドイツ語です。これは働くこととか労働とかいう意味の言葉です。一方、フロイトは、人間が夢を見るためにこころの中で行っていることを「夢作業Traumarbeit」と呼び、大事な人が亡くなったときに人がこころの中で行うことを「喪の作業Trauerarbeit」と呼びました。どちらの単語も後ろにarbeitがついています。ここではフロイトは、arbeitを単に労働とか働くことではなく、もっと広い意味で、主にこころの中で行われる何かを別のものへと変容させていく持続的で能動的なプロセスという意味で使っているんです。

そして、このarbeitを活用させたのがarbeitenです。とすると、もしフロイトが本当に言ったとしたら、arbeitenは単に働くこと、つまり私たちが現在想像するような労働することではないのではないでしょうか。

それよりも、もっと広い意味で、外界からの刺激に対して主体的に関与し、現実との間でより建設的な関係を築いて、何かを創造していくことを表しているのかもしれません。それは、職業的な労働に限定されていないかもしれませんし、日常的で些細なことから社会を巻き込むような大きなことまで含まれているかもしれません。

だとしたら、フロイトは私たちに親戚のおじさんのように「ちゃんと就職しろ」とお説教をしているわけではなかったのです。フロイトが言っているのは、人生において何かに自分のこととしてこころから取り組むことです。別に仕事じゃなくったってかまわないでしょう。何か別の目的のために仕事を熱心にするのだってかまわないでしょう。しかし、自分が何かに能動的で持続的に取り組んで、世界を変えていくのです。そのことに専心するのです。フロイトはこのような意味で「働くこと」が重要だと語っていたのではないかと、私なりの結論として考えました。

ただ、このように考えてみると、正常な人間はすべてそうできているのかと言えば、残念ながらそうとは思えません。多くの人が多くの瞬間に何かに追従しながら働いているのかもしれません。

しかし、主体的に「働く」瞬間がまったくない人生は淋しいもののように思います。多くの人は、ある瞬間にはそうした感覚を持つことができるかもしれませんが、それはそこまで長くは続かないのでしょう。やがて、またやらされている感覚に戻ってしまうかもしれません。ただ、そうした瞬間を持てることが、私たちの人生にとってかけがえのない大切なことなのでしょう。

　これを読まれているあなたはいかがでしょうか？　目の前の仕事に対して、自分のこととして主体的に取り組んで、何かを創造する感覚を味わう瞬間はあるでしょうか。そんなときには生き生きとした喜びを感じることができるでしょうか。どうぞご自身のこれまでのお仕事や人生を振り返ってみてください。

生活改善のための漢方薬

　ここまで書いてきて、私の人生は心理士を選んでハッピーエンドだったと言いたいと思われたのではないかと心配になってきました。

　この本の構成上、営業の仕事を辞めて心理学科に入って終わるため、そう誤解されてしまうかもしれませんが、実際はそんなに簡単なことではありません。心理学の道を選んでからも、これは自分には合わないかもと思ったり、何でこんな仕事を選んだんだろうと思ったり、自分が築いてきたものがすべて意味がないように感じられたり、といったことがありました。もちろん、これからだってあると思います。

　本書で書かれているのは、とりあえず、現時点までの話であり、ひょっとしたら、やっぱり無理だと、一〇年後には全然違う仕事をしているかもしれませんし、そうなったときには、また新しい人生の物語が生じてきているのでしょう。どうなるかは私自身にも分かりません。

私が言えるのは、自分の職業的なアイデンティティが揺らいでしまうようなことがあるたびに、何とか持ち直して、今までのところはやって来れているということだけです。

私自身はこれからも、ときには仕事に充実感を感じられるかもしれないし、ときにはなんて意味のないことをしているんだろうと思うかもしれないし、そして、ときには自分をいたわったり、ときには自分を鼓舞したり、ときにはつらいことから目を背けたり、でも、長い目で見たら自分の人生と向き合って、やっていけたらよいと思っています。そうして何とか社会の中で自分の人生を生きていくために、本書で紹介してきた精神分析の概念は役立ってくれるものだと思っています。

本書のタイトルには「精神分析からの処方箋」とありますけれども、ここまで書いてきて、どうも処方箋で薬を出したとしても、これを飲めばすぐに効くよという頓服薬ではなさそうです。どちらかと言うと徐々に効いてきて体質改善につながるような漢方薬に近いかもしれません。

また、精神分析のそれぞれの概念は時代とともに古くなっていくものもあるでしょうし、新たな理論によって覆されるものもあるでしょう。本書でも、あまり複雑になりすぎない程度に、さまざまな意見がある概念については、そうした記載を心掛けました。

ただ、書いていて実感したのは、精神分析にとって重要なのは、ひとつひとつの概念が妥当かということよりも、それぞれが自分の人生とどうやって向き合って、自分自身の人生をどう生きていけるかということです。現代を生きる私たちにとってそのことに役に立つ限りにおいて、さまざまな精神分析の概念が重要なのでしょう。

本書を読まれた読者の皆さんも、ここで紹介した精神分析の概念をただ知識として学ぶというよりも、そうした概念は自分の人生に照らし合わせるとどんな意味があるだろうかと思いを巡らせていただきたいと思います。そうやって使ってもらってこそ、フロイト以来の伝統がある精神分析の概念が現在でも価値のあるものとなるのでしょう。フロイト先生も喜んでくれるのでしょう。

もちろん、大きな困難を抱えたときには、自分自身や自分の人生と向き合っていくことは、決して簡単ではありません。思い出したくない過去だってあるかもしれませんし、未来に少しもよいことが待っていると思えないかもしれません。本書で紹介したさまざまな精神分析の概念や考え方は役に立ってくれると思いますが、それでもひとりでは難しいこともあるでしょう。そんなときには、できの悪いドラえもんとして、私のような精神分析的な臨床家がお手伝いをさせていただけることがあればと思っています。

あとがき

過去と現在を目まぐるしく行ったり来たりした旅も終点にたどり着き、今の時間に戻ってきました。本書が読者の皆さんがご自身と仕事について、あるいはご自身と人生について、振り返って思いを巡らすきっかけとなってくれたら幸いです。

本書を書きながら考えていたのですが、結局最初の単著『医療現場におけるやとわれ心理士のお仕事入門』を書いた時点で、私は次は「仕事」についての本を書くことになっていたのかもしれません。

単著を出版するというのは、もう何冊も本を書かれている方にとっては慣れたことかもしれませんが、そうではない私のような身に取ってみれば、日常生活が大騒ぎなんです。両親は神棚に飾ろうと言ったり、嫁いでいる姉からは五冊買ったよと連絡が来たり（姉は自分がそうでもしないと誰にも買ってもらえないんじゃないかと思ったのかも）。東畑開人先生に新聞に書評を書いていただいたときには、父親が早朝からコンビニに新聞を探しに行って、まだ来てませんと断られたり。私は私で別に心理士なわけでもない昔からの色々な友人に今度本出したよと連絡したり贈呈したりしていました。

『医療現場で働くやとわれ心理士のお仕事入門』はタイトルの通り医療の現場における心理士の働き方についての本ですが、多くの人に読んでもらいたいと思ったために、学派的な専門用語をまったく使わないで書きました。そのため、どんな分野を学ばれてきた心理士の方でも読めるのはもちろんですが、その副産物として、心理士じゃなくても読むことができる本になりました。

私は本書で書いてきたように日本文学科出身なので、昔からの友人も本を読むのが好きな人が多く、それもあって読んだ感想を聞かせてくれた方もいました。中には半分冗談かもしれませんが「なぜかちょっと泣きそう」みたいに言ってくれた友人もいて、著者の自分がいうのもなんですが、そんなに泣ける本でもないと思うので、学生の頃から知っている私が、一度営業職になって、これは無理と辞めてしまって、今度は心理学を勉強するとかわけの分からないことを言い出して、きっとそのときには「おいおいこいつ大丈夫かよ」と思ったかもしれませんし、そうした時期を共有しているために、そんな小林が仕事の本なんて出しているじゃん！ということも含めてそう言ってくれたのだろうと思います。昔からの時間を共有してくれている人がいるのはとても有り難いことだと実感したのでした。

そんな中で何人かの友人はこの本を「心理士の仕事」についての解説というだけではなく、

「仕事をすること」についての本という視点からとらえた感想を伝えてくれました。心理士ではない方から見たら、細かな心理検査をするときの工夫や、面接中に何を考えているかは、珍しい知識かもしれないけれども、日常生活で役立つものではなく、そうした部分をのぞいてみると、確かに「仕事をすること」が書いてある本だったのかもしれません。

もちろん、人それぞれ、どんなモティベーションで仕事に向かい、日常生活のどの程度まで仕事にコミットし、仕事から何を得ているか、といったことは異なっているのでしょう。前著ではもともとそれを意図したわけではないけれども、病院で心理士が働く様子をできるだけ率直に描こうとしたために、一人の社会人が仕事に取り組む姿が描かれているのかもしれません。おそらくそれはそんなに格好いいものでも英雄的なものでもないと思うのですが、ただいい加減というわけでも、逃げ腰というわけでもないものだろうと私自身は思っています。

そんな流れで、結局、働くっていうのはどういうことだろうと考えたり、そのときに友人がすすめてくれた小説家の黒井千次さんが書いた『働くということ：実社会との出会い』（一九八二年、講談社現代新書）を読んだりしました。そう思うと、前著と本書は地続きで、ひょっとしたら、時系列が逆になり、本書で営業を辞めて心理士になった私が、今はこんなふうに働いていますという報告が、前著の『医療現場で働くやとわれ心理士のお仕事入門』なのかもしれません。

思い返すと、これまで何度か私よりも若い心理士さんから、この仕事が自分に向いていないかもしれないので、続けようか悩んでいるという話を聞いたことがあります。

私自身は本書で書いてきた通り、一度営業職をやっていて、これは向いていないぞと思い、心理士の道を選んできた経緯があります。そして、この仕事を選んでからは、やっぱり向いてないかもしれないなぁと思ったときにも、そう何回も人生の路線変更をしていられないぞとか、それでも営業職に比べれば向いているかもとか、つまりは、これは自分で選んだ仕事だから、という思いがあったために、それほど我慢づよいわけではない私でもやって来られたのかもしれません。

そう考えてみると、この仕事は向いてないかもしれないと私に話してくれた若い心理士さんたちは、資格は取れたけれども、ひょっとしたらまだ本当の意味でこの仕事を選んではいないのかもしれません。

ただ、私自身が随分とちんたら遠回りをした人生を送ってきたからそう思うのかもしれませんが、今の世の中で二〇代前半で自分の生涯の多くの時間を費やす仕事を選択するのは、誰にとっても容易なことだというわけではないでしょう。この道でよかったのかな、やっぱり別の道かなと悩みながら進んでいく人がいても少しもおかしくはありません。

その意味で、もしあなたが今の仕事を続けようか迷っているとしたら、あるいは、あなたがこれから社会に出てどんな仕事をしたらよいか分からずにいるとしたら、本書が人生の中で多くの時間や労力を費やしていくことになる仕事と、どのように向き合っていくかを考えてもらうきっかけになってくれたらと思っています。

たとえば、あれこれと考えた結果、やっぱり、今の仕事を辞めようと思うかもしれませんし、逆に続けようと思うかもしれません。ただ、どんな結果になるとしても、そうして自分の仕事について、あるいは自分の人生について悩んだ時間は決して無駄にはなりません。むしろ、貴重な人生の財産になってくれると私は思っています。

また、あなたがすでに長い間に渡ってお仕事をされていたとしたら、ご自身の職業人としての人生について、何を大切にして、そして何に導かれて、おそらくはさまざまな困難を乗り越えながら、これまでやってきたのかについて、振り返ることにお役立ていただけたら幸いです。そのことは、これからの人生をさらに実りあるものにしてくれると思っています。

本書を出版するにあたって、一人一人お名前を上げられず申し訳ありませんが、これまで私にさまざまなかたちでご指導いただいた先生方、職場の同僚、勉強会の仲間、そして、日々多くの学びを与えてくれる病院で出会う患者さん方に感謝いたします。また、本書を書いていて、私の人生には多くのよい出会いがあったと改めて気がつきました。「部長」や「バイト先の社長」を始め、本書の登場人物のモデルになった方々にも感謝いたします。前著の感想をいただいた方々もありがとうございました。いただいた意見が本書につながっています。本書についてご助言をいただいた方々、本書のアイディアになることを色々ディスカッションさせていただいたフロイト部の皆さんにも感謝いたします。そして、大学を出て働いてまた大学に戻ってまた働いてと、人生をうろちょろしがちな私を寛容に見守ってくれた両親には、この場を借りて言葉では言いつくせないほどの感謝を伝えたいと思います。

最後に本書の企画を提案してくださり、完成までさまざまなサポートをしてくださった、岩崎学術出版社の鈴木さんにも御礼申し上げます。鈴木さんあっての本書でした。

本書を手にした皆さんが、心身ともに健康に、悩めるときがあったとしても、やりがいを持って生き生きと、自らの行動の価値を信じて働き続けられることを願って。

小林　陵

主な参考・引用文献

Bion, W (1967) 'Negative Capability' Edited by Mawson, C (2018) "Three Papers of W. R. Bion" 福本修訳（二〇二三）「負の能力」『W・R・ビオンの三論文』岩崎学術出版社

Erikson, E (1963) "Childhood and society" 仁科弥生訳（一九七七）『幼児期と社会1、2』みすず書房

Frankl, V (1946) "Ein Psychologe erlebt das Konzentrationslager" 池田香代子訳（二〇〇二）『夜と霧 新版』みすず書房

Freud, S (1917) "Vorlesungen zur Einführung in die Psychoanalyse" 高橋義孝・下山幸三訳（一九七七）『精神分析入門（上）、（下）』新潮社

Freud, S (1917) "Vorlesungen zur Einführung in die Psychoanalyse" 高田珠樹・新宮一成他訳（二〇二三）『精神分析入門講義（上）、（下）』岩波書店

Freud, S (1937) 'Konstruktionen in der Analyse' 渡邉俊之訳（二〇一一）「分析における構築」『フロイト全集第二一巻』岩波書店

藤山直樹（二〇〇三）『精神分析という営み：生きた空間をもとめて』岩崎学術出版社

帚木蓬生（二〇一七）『ネガティブ・ケイパビリティ 答えの出ない事態に耐える力』朝日選書

北公次（一九八八）『光ＧＥＮＪＩへ：元フォーリーブス北公次の禁断の半生記』データハウス

森茂起（二〇〇五）『トラウマの発見』講談社

森茂起（二〇一八）『フェレンツィの時代：精神分析を駆け抜けた生涯』人文書院

妙木浩之（二〇〇二）『エディプス・コンプレックス論争：性をめぐる精神分析史』講談社

岡野憲一郎（二〇一七）『自己愛的（ナル）な人たち』創元社

Winnicott, D (1971) "Playing and Reality" 橋本雅雄・大矢泰士訳（二〇一五）『改訳 遊ぶことと現実』岩崎学術出版社

著者略歴
小林 陵（こばやし りょう）
臨床心理士，公認心理師，日本精神分析学会認定心理療法士。
法政大学文学部日本文学科卒業後，医療機器メーカーに就職。その後，東京国際大学大学院臨床心理学研究科博士前期課程を修了し，横浜市立大学附属病院に勤務し，現在まで心理療法や心理検査，復職支援デイケア，緩和ケア等に従事している。
訳書にS. M. カッツ『精神分析フィールド理論入門』（共訳：岩崎学術出版社 2022），A. フェロ『物語と治療としての精神分析』（共訳：金剛出版 2023），I. Z. ホフマン『儀式と自発性』（共訳：金剛出版 2017），著書に『医療現場で働くやとわれ心理士のお仕事入門』（単著：岩崎学術出版社 2024），『実践 力動フォーミュレーション入門』（共編著：岩崎学術出版社 2022），論文に「マイケル・ジャクソンと父親たち」（日本病跡学雑誌 2013），「スタンリー・キューブリック論：または私は如何にして彼のドリー撮影と自閉症児の電車好きが関係していると悟ったか」（日本病跡学雑誌 2018）などがある。

悩める社会人のための精神分析からの処方箋

ISBN 978-4-7533-1259-7

著者　小林 陵

2025年4月30日　初版第1刷発行

印刷・製本　㈱太平印刷社

発行 ㈱岩崎学術出版社
〒101-0062 東京都千代田区神田駿河台3-6-1
発行者　杉田 啓三
電話 03(5577)6817　FAX 03(5577)6837